Gary Chapman

Mit der Kraft der Liebe

*90 Andachten für Menschen,
die über sich hinauswachsen wollen*

Über den Autor:
Dr. Chapman ist ein international angesehener Eheberater und Autor vieler Bestseller. In den USA leitet er landesweit erfolgreiche Ehe-Seminare. Er und seine Frau Karolyn haben 2 erwachsene Kinder und leben in North Carolina.

Bibliografische Information Der Deutschen Bibliothek
Die Deutsche Bibliothek verzeichnet diese Publikation in der Deutschen Nationalbibliografie; detaillierte bibliografische Daten sind im Internet über http://dnb.ddb.de abrufbar.

ISBN 978-3-86827-116-4
Alle Rechte vorbehalten
Originally published in English under the title:
Love As a Way of Life Devotional by Gary Chapman
Copyright © 2008 by Gary Chapman
Published by WaterBrook Press, an imprint of
The Crown Publishing Group, a division of Random House, Inc.
12265 Oracle Boulevard, Suite 200
Colorado Springs, Colorado 80921 USA
All non-English language rights are contracted through:
Gospel Literature International
P. O. Box 4060, Ontario, California 91761-1003 USA
This translation published by arrangement with
WaterBrook Press, an imprint of The Crown Publishing Group,
a division of Random House, Inc.
German edition © 2009 by
Verlag der Francke-Buchhandlung GmbH
35037 Marburg an der Lahn
Deutsch von Ingo Rothkirch
Umschlaggestaltung: www.provinzglueck.de
Satz: Verlag der Francke-Buchhandlung GmbH
Druck und Bindung: CPI Moravia Books, Korneuburg

www.francke-buch.de

Inhaltsverzeichnis

Einleitung 5
1. Liebe als Lebensstil 7
2. Hilfsbereitschaft 15
3. Geduld 41
4. Vergebung 67
5. Freundlichkeit 93
6. Demut 119
7. Großzügigkeit 145
8. Aufrichtigkeit 171
9. Liebe im Alltag 197
Schlussbemerkungen 205

Einleitung

Christus wünscht sich nichts sehnlicher, als dass alle, die ihm nachfolgen, genauso vorbehaltlos lieben wie er. „Heute gebe ich euch ein neues Gebot: Liebt einander! So wie ich euch geliebt habe, so sollt ihr euch auch untereinander lieben."
Johannes 13,34

Aber Christus hat es nicht nur als Gebot verkündet, wie wir lieben sollen. Nein, er hat es uns ganz praktisch vorgelebt. Er wollte unser Vorbild sein. Und wenn wir lieben, wie Christus geliebt hat, dann erkennen andere Menschen an uns, wie die Liebe Gottes beschaffen ist.

In meinem Buch „Liebe als Weg" habe ich die sieben Merkmale eines liebenden Menschen genannt. Es sind Hilfsbereitschaft, Geduld, Vergebung, Freundlichkeit, Demut, Großzügigkeit und Aufrichtigkeit. Und wenn wir diese Wesensmerkmale im täglichen Leben zum Ausdruck bringen, spiegeln wir die Liebe Christi wider.

Dieses kleine Andachtsbuch soll kein praktisches Rezeptbuch für die Liebe sein, sondern will Ihr Herz ansprechen und Sie auf diese Weise erinnern, wie sehr Gott Sie liebt. Wenn Sie sich das wieder einmal vergegenwärtigen, werden Sie feststellen, dass es gar nicht so schwerfällt, andere mit Liebe zu beschenken.

Die kurzen Andachtstexte sind besonders für die „stille Zeit" geeignet, die jeder von uns regelmäßig mit Gott verbringen sollte – ob früh am Morgen oder spät am Abend, vielleicht aber auch in der Mittagspause. Ich wünsche mir jedenfalls sehr, dass meine Worte Ihr Gebetsleben in Schwung bringen, so wie ein Sprungbrett dem Schwimmer hilft, fast schwerelos ins erfrischende Nass zu tauchen.

Um das zu bewirken, füge ich jedem Andachtstext ein kurzes Gebet, ein Wort zum Nachdenken oder einen Anstoß zum Handeln hinzu, die helfen sollen, Ihre persönliche Gottesbeziehung zu vertiefen.

Gott möchte, dass jeder, der sich zu ihm bekennt, ein Überbringer seiner Liebe ist. Mag dieses Büchlein Ihnen Gott wieder näherbringen, damit „diese göttliche Liebe euch immer mehr erfüllt" (Epheser 3,19) und damit Sie die Freude erleben, die sich unweigerlich immer dann einstellt, wenn Christi Liebe durch Ihr Mitwirken andere Menschen berührt.

1. Liebe als Lebensstil

Gutenachtgeschichten

Denn ich bin ganz sicher: Weder Tod noch Leben, weder Engel noch Dämonen, weder Gegenwärtiges noch Zukünftiges noch irgendwelche Gewalten, weder Hohes noch Tiefes oder sonst irgendetwas können uns von der Liebe Gottes trennen, die er uns in Jesus Christus, unserem Herrn, schenkt.
Römer 8,38-39

Als meine Enkel noch klein waren, habe ich ihnen viel vorgelesen – vom Bauernhof, von der Feuerwehr und vom Zoo. Wir haben Buchstabenspiele gemacht. Und es gab Bücher, die mir deswegen besonders gefallen haben, weil es darin um das Thema der bedingungslosen Liebe ging. Da fragt zum Beispiel ein Kind seine Mutter: „Mama, hast du mich lieb?" Und ein Häschen fragt seinen Vater: „Wie doll liebst du mich?" Ganz verschiedene Figuren in ganz unterschiedlichen Handlungen stellen wichtige Fragen zu einem Thema: „Was ist, wenn ich weglaufe? Was passiert, wenn ich dir wehtue? Was ist, wenn ich auf den Mond fliege, wenn ich die Vase kaputt mache, wenn ich meine Schwester haue? Hast du mich dann immer noch lieb?"

„Ja", antworteten die Eltern in all diesen Geschichten, „ich liebe dich, egal, was kommt."

Diese Gutenachtgeschichten, die unsere Kinder zur Ruhe kommen lassen sollen, befassen sich mit einem Grundbedürfnis, das uns bis zum Ende unseres Lebens erhalten bleibt: Wir sehnen uns danach, dass es irgendwo jemanden gibt, der uns rückhaltlos und ohne Vorbedingung liebt. Wie sehr beschenken wir uns also gegenseitig, wenn wir jeden Tag eine solche Liebe an unsere Mitmenschen weitergeben. Das muss längst nicht immer mit Worten geschehen. Wir können auch Geduld üben, wenn uns alles über den Kopf wächst, wir können freundlich bleiben, wenn der andere uns dumm kommt. Bleiben wir doch bescheiden, wenn wir versucht sind, unsere eigenen Leistungen auf Kosten anderer in den Vordergrund zu stellen. Jedes Mal, wenn wir bewusst die Liebe zu unserem Lebensstil machen, vermitteln wir anderen die Botschaft, nach der wir uns alle so sehnen und die Gott uns jeden Tag zuspricht: Du bist angenommen und geliebt, egal, was kommt – für immer und ewig.

Wort zum Nachdenken

Wie könnte die Gewissheit, dass Gott Sie liebt – egal, was kommt –, Ihr Denken und Handeln in den kommenden 24 Stunden verändern?

Leicht zu finden

*„Mary Jo ist leicht zu finden",
sagt der siebenjährige Richard einem Heimbesucher.
„Sie müssen nach jemand suchen,
der immer nett ist und immer freundlich aussieht.
Entweder singt sie oder hilft Menschen."*

Wer so beschrieben wird, den dürfte man tatsächlich leicht finden – so wie Mary Jo Copeland. Sie wäscht den Obdachlosen die Füße, bevor sie ihnen frische Socken und neue Schuhe anzieht. „Achten Sie auf Ihre Füße", sagte sie zu den Bedürftigen. „Die Füße müssen noch einen langen Weg treue Dienste tun – und Sie dann schließlich ins Himmelreich tragen." Diese Frau litt früher an einer schweren Depression, doch inzwischen begrüßt sie die Bedürftigen mit einem freudigen Lächeln. „Ich kümmere mich um die Menschen, so wie sie sind. Sie müssen dazu nicht meinen Vorstellungen entsprechen", sagt Mary Jo.

Sie kümmert sich mit ihrem Hilfswerk um Menschen, denen es an Nahrung und Obdach mangelt und die sonst kaum Chancen zum sozialen Aufstieg haben. Und zu ihren neuen ehrenamtlichen Mitarbeitern sagt sie immer: „Wenn jemand beim Ertrinken bewusstlos ist, werft ihr auch nicht nur den Rettungsring ins Wasser, sondern springt selber hinein."

Egal, ob wir so engagiert sind wie Mary Jo Copeland oder eher in unserem privaten Umfeld wirken, wir treten immer dann als Jünger Jesu in Erscheinung, wenn wir jemandem in dieser kalten Welt unsere Liebe schenken. Eins sollte uns allerdings stets bewusst sein: Es geht nicht darum, etwas zu leisten, sondern bereit zu sein, sich zu verschenken. Dann strahlen wir wie Jesus jene Freude aus, die sich einstellt, sobald wir von Herzen lieben. Und dann werden auch wir *leicht zu finden sein.*

Gebet

Herr, ich wünsche mir so sehr, dass die Menschen spüren, wie unvoreingenommen ich sie liebe.

Die Macht der Liebe

*Mein altes Leben ist mit Christus am Kreuz gestorben.
Darum lebe nicht mehr ich,
sondern Christus lebt in mir!*
Galater 2,19-20

In den meisten Religionen wird vom Menschen verlangt, etwas zu leisten. Bei den einen soll man meditieren und Mantras aufsagen, um den Geist von egoistischen Begierden zu befreien. Andere Religionen erwarten Almosen, rituelle Gebete und Wallfahrten. Wir Christen wissen jedoch, dass es dem Menschen ohnehin nicht gelingt, aus eigener Kraft Gutes zu tun und andere zu lieben. Von allein wissen wir nicht, was Moral ist, und auf uns selbst gestellt, werden wir immer nur nach dem streben, was unser Ego befiehlt. Wir werden zu Glücksrittern für unsere eigenen Belange, und es interessiert uns kaum, was aus unseren Mitmenschen wird.

Wenn wir uns dessen bewusst sind, dann bedeutet es eine große Erleichterung, wenn wir erkennen dürfen, dass wir nicht aus eigenem Vermögen ein Liebender werden müssen, sondern dass Gott uns die Kraft dazu schenken will. Es ist *Gottes* Liebe, die wir weitergeben sollen, und nicht eine Liebe, die wir selber mit Mühe produzieren. Es ist Gottes Geist, der seine Liebe in uns fließen lässt und uns befähigt, sie weiterzugeben (siehe Römer 5,5). Und weil Christus gelebt, gestorben und auferstanden ist, verändert sich unsere Perspektive radikal. Im Mittelpunkt des Interesses steht nun nicht mehr unser Ego, sondern unser Schöpfer. Wir haben mehr als genug Liebe zu verschenken, denn hinter allem, was in diesem Universum existiert, steht ein persönlicher Gott, der uns liebt und sich wünscht, dass wir Mittler seiner Liebe werden.

Gebet

Heiliger Geist, ich möchte deine Liebe empfangen und sie an andere Menschen weitergeben.

2. Hilfsbereitschaft

Werkzeug des Friedens

*Was für ein herrlicher Augenblick, wenn ein Bote über
die Berge kommt, der eine gute Nachricht bringt!
Er eilt herbei und ruft der Stadt auf dem Berg Zion zu:
„Jetzt ist Friede, die Rettung ist da! Jerusalem,
dein Gott herrscht als König!"*
Jesaja 52,7

Vor mehr als 800 Jahren betete Franz von Assisi: „Herr, mache mich zum Werkzeug deines Friedens: dass ich Liebe übe, wo man sich hasst; dass ich Versöhnung bringe, wo man sich kränkt; dass ich Einigkeit bringe, wo Zwietracht herrscht; dass ich Glauben bringe, wo der Zweifel quält; dass ich Wahrheit bringe, wo Irrtum herrscht; dass ich Hoffnung bringe, wo Verzweiflung droht; dass ich Freude bringe, wo Traurigkeit ist." Wenn wir wieder einmal eine Schreckensnachricht im Fernsehen über Tod und Gewalt gesehen und gehört haben, kann das Verlangen, ein Werkzeug seines Friedens in dieser Welt zu werden, ganz neu entfacht werden. Aber es muss nicht die große Tat sein. Kleine Gesten der Hilfsbereitschaft angesichts von Angst, Hass und Feindseligkeit sind ein

Hoffnungszeichen, dass es das Gute trotz allem noch gibt. Das Gute in der Welt treiben diejenigen voran, die nach Naturkatastrophen anderen helfen, ihre Häuser wieder aufzubauen, die bei Unglücken als Retter ihr Leben aufs Spiel setzen – oder ganz unspektakulär dem Kollegen, dem Nachbarn und dem Passanten Gefälligkeiten erweisen.

Franz von Assisi schließt sein Gebet mit den Worten ab: „Denn wer gibt, der empfängt; wer verzeiht, dem wird verziehen; wer stirbt, der wird geboren zum ewigen Leben. Amen." Hilfsbereit und freundlich sein heißt, die Entfaltung unserer rein egoistischen Triebe zu verhindern. Und dass es immer wieder Helfer gibt, die ihre eigenen Interessen hintanstellen, belegt doch eindeutig: Der Mensch kann mehr sein, als es die Abendnachrichten suggerieren. Wenn wir nämlich Gottes Freundlichkeit im Alltag praktizieren, dann können sogar Momente voller Verzweiflung von einem Hoffnungsschimmer erhellt werden.

Gebet

Vater, erinnere mich in dieser gewalttätigen Welt daran, dass ich meinen Mitmenschen Frieden bringen kann, indem ich auch im Kleinen freundlich und hilfsbereit bin.

Lieferung frei Haus

*Meine Freunde! Lasst uns einander lieben,
denn die Liebe kommt von Gott.*
1. Johannes 4,7

Es war zwei Tage vor Weihnachten. Ich half gerade meiner Frau bei den Vorbereitungen für das Fest, als ich bemerkte, dass ein Lieferwagen draußen vor unserem Haus hielt. Der Fahrer war unser Freund Joe Warner, und da wusste ich wieder, was gleich geschehen würde. Und tatsächlich: Er öffnete die Ladetür, holte eine Kiste mit erntefrischen Apfelsinen hervor und kam damit aufs Haus zu. Sein Hinken erinnerte an seine Verwundung aus dem Zweiten Weltkrieg.

Ich öffnete die Haustür, bevor er klingeln musste, und bat ihn herein. „Fröhliche Weihnachten", sagte er, während er die Kiste abstellte. Nachdem ich mich dafür bedankt hatte, dass er wieder einmal so freundlich an uns gedacht hatte, erkundigten wir uns gegenseitig nach dem Wohlergehen unserer Familien. Wir verabschiedeten uns, und schon war er wieder aus dem Haus. Und während ich ihm nachsah, spürte ich eine tiefe Dankbarkeit für einen Freund, der trotz seiner achtzig Jahre nicht aufhörte, seine Mitmenschen zu beschenken. Seine Gefälligkeit war keine Pflichtübung. Er fühlte sich nicht genötigt, irgendeinen Mangel zu beheben – ihm war klar, dass ich mir selber Apfelsinen hätte kaufen können. Es ging ihm lediglich darum, mir durch eine nette Geste seine Zuneigung zu zeigen. Es sind manchmal die kleinen Gefälligkeiten, die so viel bedeuten.

Ich bin überzeugt, dass Gott sich freut, wenn Menschen mit noch so kleinen Liebesgaben einander ein Zeichen der Wertschätzung geben. Und dieser Joe Warner gibt mir jedes Jahr zu Weihnachten die Gelegenheit, die Liebe Christi in einer Kiste Apfelsinen zu erkennen.

Gebet

Vater, danke für die Menschen in meinem Leben, die mir manchmal auf ganz schlichte Weise Freundlichkeit erweisen.

Die Gesinnung Christi

*Als er [Jesus] die vielen Menschen sah, hatte er großes
Mitleid mit ihnen. Sie waren hilflos und verängstigt
wie eine Schafherde ohne Hirte.*
Matthäus 9,36

Michael, ein junger Geschäftsmann, erzählte mir, dass ihm nie klar gewesen sei, wie hässlich er mit Menschen umspringen konnte, bevor er Gott eines Tages bat, ihm die Augen dafür zu öffnen. „Eine Woche lang bat ich Gott Abend für Abend darum, mir zu zeigen, wo ich wieder unfreundlich und abweisend gewesen war. Und ich bin so froh, dass er mein Gebet erhört hat. Schon bald wurde mir vor Augen geführt, auf welche Weise ich mein Verhalten ändern sollte.

Kürzlich versuchte ich, einen Kollegen etwas aufzumuntern, der in einer persönlichen Krise steckte. Während wir uns unterhielten, sagte der Mann plötzlich: ‚Vielleicht sollte ich Sie ja mal zu einem Ihrer Gottesdienste begleiten. Ich habe geistlichen Beistand wohl bitter nötig.' Ich hatte bisher noch nie über geistliche Dinge mit ihm gesprochen, mich jedoch endlich einmal ernsthaft um einen freundlichen Umgang mit ihm bemüht. Nach unserem gemeinsamen Gottesdienstbesuch unterhielten wir uns über das Leben Jesu und über das, was sich Jesus für uns wünscht. Drei Monate später war dieser Kollege ein wiedergeborener Christ. Die Liebe Gottes, die er durch viel Zuwendung erfahren hatte, war Anlass für ihn gewesen, sein Leben ganz neu auszurichten."

Michael lernte, die Menschen als persönliches und individuelles Gegenüber zu sehen, statt wie bisher als Erfüllungsgehilfen seiner eigenen Erwartungen. Er hatte sich Jesu Einstellung zu eigen gemacht, und so kam es kaum noch vor, dass er Mitmenschen verletzte.

Er erkannte, nachdem er sich eines Hilfesuchenden angenommen hatte, dass die Welt voller Menschen ist, die wie Schafe ohne einen Hirten sind.

Anstoß zum Handeln

Bitten Sie Gott eine Woche lang jeden Abend, Ihnen zu zeigen, wann Sie anderen Menschen gegenüber unfreundlich gewesen sind. Nehmen Sie sich fest vor, am nächsten Tag auch dann freundlich und hilfsbereit zu bleiben, wenn Ihnen gar nicht danach ist. Und wenn Ihnen das einmal nicht gelingt, so entschuldigen Sie sich bei dem Betreffenden.

Gottes Umarmung

*Mit Freundlichkeit und Liebe wollte ich sie gewinnen.
Ich habe ihnen ihre Last leicht gemacht – wie ein Bauer,
der seinem Ochsen das Joch hochhebt, damit er besser
fressen kann, ja, der sich bückt, um ihn selbst zu füttern.*
Hosea 11,4

Von den Kinderpsychologen wissen wir, dass es einem Kind, das sich in der Liebe seiner Eltern geborgen fühlt, leichter fällt, auf andere Menschen zuzugehen und Beziehungen zu knüpfen. Dieses Kind hat nämlich die Erfahrung gemacht, dass es sich jederzeit in den liebenden Armen seiner Eltern bergen kann.

Gott sehnt sich danach, dass wir seiner Liebe genauso trauen, wie ein Kind der elterlichen Liebe traut. Und freundliche Hilfsbereitschaft ist ein Aspekt der göttlichen Liebe – erkennbar an seiner Fürsorge und liebevollen Zuwendung. Die Bibel spricht oft von der unerschütterlichen Liebe Gottes. Was immer geschieht, so schwierig es werden kann, Gottes Bereitschaft, uns beizustehen, bleibt uns erhalten. Und weil wir uns dieser tätigen Liebe so sicher sein können, fällt es uns umso leichter, anderen gegenüber aufgeschlossen, freundlich und hilfsbereit zu sein. Wir kümmern uns um andere, und die Kraftquelle dafür ist die Fürsorge, die wir von Gott erfahren.

Sein Geschenk an uns ist, dass wir von Freude erfüllt werden, sobald wir uns anderen Menschen zuwenden.

Wort zum Nachdenken

Wann hat Gottes Freundlichkeit Sie zum letzten Mal motiviert, einem Mitmenschen eine Gefälligkeit zu erweisen?

Starke Worte

*„Ich bin es, der für Recht sorgt", antwortet der Herr.
„Ich kann euch helfen, es steht in meiner Macht."*
Jesaja 63,1

Die religiösen Führer Israels hatten gedacht, Jesus endlich in die Falle gelockt zu haben. Selbstgefällig brachten sie ihm eine Frau, die beim Ehebruch ertappt worden war. Sie klagten sie öffentlich an und wussten gleichzeitig, dass das Gesetz die Todesstrafe forderte. Doch Jesus hielt dagegen: „Wer von euch ohne Sünde ist, der werfe den ersten Stein." Da zerstreuten sich die Frommen und Jesus blieb mit der Frau allein. Er sagte zu ihr: „Frau, wo sind deine Ankläger?"

„Es ist keiner mehr da", antwortete sie.

„Dann verurteile ich dich auch nicht", sagte Jesus. „Geh und sündige nicht mehr" (Johannes 8,7-11).

Jesus hätte damals völlig zu Recht seine Macht beweisen und seine eigene Sündlosigkeit herausstellen können. Aber fällt nicht auf, mit welcher Sanftmut er dieser Frau begegnet? Und er half den Anklägern, ihren Blickwinkel zu erweitern: Jeder von uns ist ohne

Ausnahme Sünder, und deshalb steht es uns nicht zu, mit dem Finger auf andere zu deuten. Gott allein ist der Richter. Jesus aber sprach voller Erbarmen mit dieser Frau. Er billigte ihr Fehlverhalten nicht, aber er eröffnete ihr einen Fluchtweg aus der Sünde – hin zu einem besseren Leben. Jesu Worte konnten so sanft und gleichzeitig so vollmächtig sein, weil es die Kraft der göttlichen Liebe war, die sein Handeln bestimmte.

Wir können viel von Jesus lernen, wenn wir ihn als Vorbild nehmen. Nutzen wir also jede Gelegenheit, die Kraft des sanften Wortes zu entfalten, dann kann Gott durch uns wirken, um Leben zu verändern.

Wort zum Nachdenken

Sobald Sie wieder einmal versucht sind, freundliches Entgegenkommen für Schwäche zu halten, denken Sie daran, dass Gott seine Macht durch freundliche Rede entfaltet.

Zur Hilfsbereitschaft geschaffen

*So schuf Gott den Menschen als sein Ebenbild,
als Mann und Frau schuf er sie.*
1. Mose 1,27

Jüngste Forschungsergebnisse an der Yale Universität führen uns wieder einmal vor Augen, dass wir geschaffen wurden, um füreinander da zu sein. Bei der Studie wurde Kleinkindern im Alter zwischen sechs und zehn Monaten eine Puppe gezeigt, die versuchte, auf eine Leiter zu klettern. Dann kamen Stofftiere dazu, von denen einige der Puppe halfen, die oberste Sprosse zu erreichen, während andere alles taten, um sie daran zu hindern. Hinterher durften sich die Kinder aussuchen, mit welchem Stofftier sie spielen wollten. Fast ausnahmslos entschieden sich die Kleinen für diejenigen Stofftiere, die der Puppe geholfen hatten.

Wir sind nach dem Bild eines freundlichen und hilfsbereiten Gottes erschaffen worden und deshalb finden wir Freundlichkeit und Hilfsbereitschaft so anziehend – auch schon im Windelalter. Aber unser Bedürfnis nach Freundlichkeit geht uns niemals verloren, auch wenn wir als Erwachsene zuweilen Leistung und den Einsatz von Ellenbogen höher bewerten. Gerade in der Berufswelt vergessen wir leicht, dass unsere Seele eigentlich mit dem Verlangen erschaffen wurde, für andere da zu sein.

Wenn wir anderen Menschen gegenüber freundlich und hilfsbereit sind, werden sie uns anziehend finden – und damit auch Gott.

Gebet

Lieber Gott, ich möchte jeden Tag so reden und handeln, wie du mich ursprünglich erschaffen hast.

Für jeden sichtbar

*Ihr seid von Gott auserwählt und seine geliebten Kinder,
die zu ihm gehören. Darum sollt ihr euch untereinander
auch herzlich lieben mit Barmherzigkeit, Güte,
Bescheidenheit, Nachsicht und Geduld.*
Kolosser 3,12

In den späteren Jahrhunderten des Römischen Reiches und zu Beginn des christlichen Zeitalters musste das einst so mächtige Imperium immer mehr Rückschläge hinnehmen. Kriegerische Auseinandersetzungen, das Einsickern germanischer Stämme und Epidemien sorgten dafür, dass sich die gesellschaftlichen Strukturen aufzulösen begannen.

Unter diesen unerfreulichen Lebensumständen floh die politische Elite mit ihren heidnischen Priestern aus den Städten aufs Land. Das einzige noch funktionierende soziale Netz war die Gemeinde, die die humanitäre und ärztliche Grundversorgung für Christen und Nichtchristen gleichermaßen gewährleistete. Selbst die Heiden erkannten damals an, dass diese frühen Christen auch zu ihren Nachbarn so freundlich und hilfsbereit waren, als wären es ihre engsten Verwandten. Nicht etwa ausgeklügelte Propaganda machte die Kirche damals zu einem Grundpfeiler der Gesellschaft, sondern die für jeden sichtbare Hilfsbereitschaft der Christen allen Menschen gegenüber.

Die Welt hat sich natürlich inzwischen grundlegend verändert, aber die Gelegenheiten, anderen helfend zur Seite zu stehen, sind dennoch gar nicht so verschieden. Denken Sie an den Tsunami 2004 in Asien oder Hurrikan Katrina in den Vereinigten Staaten im Jahr 2005. Die ganze Welt hat damals zwar Katastrophenhilfe geleistet, aber vielfach waren es die Kirchen, durch deren Infrastruktur die Hilfe vor Ort überhaupt ankam. Solche vorbildhaften Aktionen der Hilfsbereitschaft sollten in ihrer Wirkung niemals unterschätzt werden. Wie die Geschichte beweist, können sich ganze Nationen und Völker verändern, wenn die Gemeinschaft der Christen aus der Liebe Christi heraus tätig wird.

Gebet

Danke, Herr, dass es möglich ist, Mitmenschen auch durch Freundlichkeit den Weg zu dir zu zeigen.

Mit den Augen der Liebe

Jesus sah ihn voller Liebe an.
Markus 10,21

Benny war elf, als er zum ersten Mal seine Mutter begleitete, die in einer Suppenküche beim Kochen half. Er erwartete, dort zerlumpte, schräge Typen anzutreffen, die ausgehungert auf ihr Essen warteten. Aber ihm begegneten ganz „normale" Menschen mit ihren Hoffnungen und Wünschen.

„Es waren nette Leute", erzählte Benny hinterher. „Wir haben uns unterhalten. Viele hatten sogar Arbeit, aber verdienten zu wenig, um auch noch ihre Miete zu bezahlen."

Es verändert uns, wenn wir Menschen kennenlernen und sie ins Herz schließen: Wir fangen an, sie so zu sehen, wie Gott sie sieht. Vielleicht sind wir am Anfang nur nett und hilfsbereit, weil wir einem Gebot gehorsam sein wollen. Aber nach und nach tun wir es, weil unsere Liebe wächst – die Liebe, die Jesus uns schenkt.

Plötzlich erkennen wir im anderen seine Stärken, seine Hoffnungen und Bedürfnisse. Wenn wir ihm mit Zuneigung begegnen, ernten wir auch Zuneigung, wo wir sie gar nicht erwartet haben. Und wir entdecken mehr Gemeinsamkeiten als gedacht. Wir haben nämlich die gleichen oder ganz ähnliche Träume und Ängste. Freundlichkeit hilft uns also, wunderbare Menschen kennenzulernen – die wie wir die Liebe Christi bitter nötig haben.

Gebet

Gott, ich möchte andere Menschen mit deinen Augen sehen.

Aus den Händen gegeben

Seht auf Jesus Christus: Er hielt nicht selbstsüchtig daran fest, Gott gleich zu sein. Nein, er verzichtete darauf und wurde einem Sklaven gleich.
Philipper 2,5-7

Was hält uns eigentlich am meisten davon ab, anderen gegenüber freundlich und hilfsbereit zu sein? Fürchten wir vielleicht, am Ende ausgenutzt zu werden? Fürchten wir die Kränkung? Oder fragen wir uns, ob der andere unsere Freundlichkeit überhaupt verdient?

In seinem *Brief an eine amerikanische Dame* schrieb C.S. Lewis: „In meiner Todesstunde werde ich mich nicht darum grämen, dass der eine oder andere Schwindler mich schamlos ausgenutzt hat. Es würde mir viel mehr zu schaffen machen, wenn ich wüsste, dass ich einen Notleidenden übersehen hätte." Wer freundlich ist, macht sich verletzlich. Mit jeder Gefälligkeit sagen wir: *Ich möchte dir etwas Gutes tun, und es macht mir nichts aus, wenn du dich nicht dankbar zeigst.*

Das Leben Christi führt uns vor Augen, dass wir nur dann in Gottes Wesen hineinwachsen, wenn wir zum Diener des anderen werden. Und der Diener tut Gutes, ohne Dank einzufordern. Sobald wir einem anderen dienen, geben wir die Kontrolle über den weiteren Verlauf des Geschehens aus den Händen. Doch gerade in solchen Augenblicken wird uns zutiefst bewusst, was Christi Liebe für uns bedeutet. Und plötzlich bekommen wir ein Gespür dafür, was Lebensfreude ist.

Gebet

Lieber himmlischer Vater, hilf mir, Gelegenheiten zum Dienen als Möglichkeit zu begreifen, dich besser kennenzulernen.

Das Unmögliche tun

*Durch Gottes Geist haben wir neues Leben,
darum lasst uns jetzt auch unser Leben
in der Kraft des Geistes führen!*
Galater 5,25

„Es bedeutete für mich eine große Kraftanstrengung, mich um meinen Stiefsohn zu kümmern und für ihn da zu sein", erzählte mir Krista. „Aber dann änderte sich alles. Ich kämpfte nicht mehr darum, ihn Tag für Tag aus eigener Kraft zu lieben. Stattdessen bat ich den Heiligen Geist, mir beizustehen. Und was unmöglich erschien, wurde wahr. Gewiss, hin und wieder versuche ich es auch noch aus eigener Kraft, aber dann merke ich schnell, dass ich trotz allen Bemühens eher unausstehlich werde."

Der Geist Gottes will uns helfen, das zu vollbringen, was wir selber nicht für möglich halten: Kollegen, Angehörige und selbst Menschen, die uns fremd sind, mit der Liebe Christi zu lieben. Gott gibt uns die Kraft, die Wesenszüge Christi in uns mehr und mehr zu entfalten. Er schenkt uns seinen Geist, damit er Menschen durch uns Liebe schenken kann. Warum vergeuden wir also so viel Zeit damit, uns aus eigener Kraft zur Liebe *durchzuringen?*

Wenn Sie momentan das Gefühl haben, das Liebesgebot Jesu überfordere Sie total, dann verlieren Sie nicht den Mut. Vielleicht haben Sie es ja bisher immer auf eigene Faust versucht. Bitten Sie den Heiligen Geist um Beistand. Dann passiert es vielleicht schon morgen, dass Sie Gottes Liebe widerspiegeln, wie Sie es aus eigener Kraft nie geschafft haben.

Anstoß zum Handeln

Denken Sie an jemanden, dem Sie in der nächsten Woche begegnen und bei dem es Ihnen schwerfällt, ihn zu lieben. Bitten Sie nun den Heiligen Geist um Hilfe, dass Sie dem oder der Betreffenden Gottes Freundlichkeit erfahrbar machen.

Erinnerungsschätze

Gott aber kann viel mehr tun, als wir jemals von ihm erbitten oder uns auch nur vorstellen können. So groß ist seine Kraft, die in uns wirkt. Deshalb wollen wir ihn mit der ganzen Gemeinde durch Jesus Christus ewig und für alle Zeiten loben und preisen.
Epheser 3,20-21

Jenna wuchs in einer armseligen Gegend auf, wo es all den Luxus nicht gab, der für viele andere Kinder zur Selbstverständlichkeit geworden ist. Obgleich ihr Vater nur ein geringes Einkommen hatte, wie sich Jenna erinnerte, „war dieser Mann von dem Gedanken beseelt, seiner Tochter das Gefühl zu geben, sie sei eine Prinzessin". Der Vater besorgte sich in Secondhandläden und auf Flohmärkten alles nötige Werkzeug und auch die Materialien, um seiner Jenna ein Dornröschenschloss im Garten hinter dem Haus zu bauen. Und viele Jahre später schrieb sie darüber: „Nicht das Schloss an sich ist mir zum Schatz geworden, sondern die Erinnerungen, die ich noch immer im Herzen trage. ... Sie sind für mich das Erbe einer Vaterliebe, die kein fertig gekauftes Klettergerüst je ersetzen kann."

Gott möchte, dass wir einander beschenken – von Herz zu Herz. Gewiss, das Schloss an sich war ein schönes Geschenk, wertvoller aber war die liebevolle Absicht des Vaters – wie die Erinnerungen einer Frau zeigen, die von ihrem Vater in den Stand einer Prinzessin erhoben wurde.

Gebet

Jesus, öffne mir die Augen, damit ich erkenne,
wo andere meine Liebe brauchen.

Nie ermüdende Freundlichkeit

*Die Ehe, die ich an diesem Tag mit dir schließe,
wird ewig bestehen. Ich schenke dir Liebe
und Barmherzigkeit.*
Hosea 2,21

Wer von uns liebt schon mit immerwährender Freundlichkeit? Besonders wenn die Liebe nicht erwidert wird. Das Phänomen der nicht erwiderten Liebe ist nicht neu. In biblischen Zeiten erzählte Gott seine Geschichte von der immerwährenden Freundlichkeit für ein untreues Israel durch den Propheten Hosea. Hoseas Frau Gomer war ihm wiederholt untreu. „Es lohnt sich, bei meinen Liebhabern zu bleiben, denn sie geben mir, was ich brauche: Brot und Wasser, Wolle und Flachs, Öl und Wein" (Hosea 2,7). Aber Hosea nahm Gomer immer wieder auf und versprach sogar: „Die Ehe, die ich an diesem Tag mit dir schließe, wird ewig bestehen. Ich schenke dir Liebe und Barmherzigkeit" (Hosea 2,21).

Gott gebrauchte Hosea, um Israel – und uns – daran

zu erinnern, dass seine Zuneigung nicht endet, auch wenn wir uns von ihm abwenden. Er wartet sehnsüchtig auf unsere Rückkehr.

Könnte Gott sich auch von Ihnen wünschen, dass Sie jemandem Freundlichkeit erweisen, der wenig davon zurückgibt? Lieben Sie einen Menschen, der diese Liebe nicht erwidert? Vielleicht sind Sie – wie Hosea – der oder die Betrogene in einer Beziehung. Wenn Sie dann leiden, denken Sie daran, dass Gott nachfühlen kann, wie es ist, wenn die eigene Zuneigung brüsk zurückgewiesen wird. Deshalb will er Ihnen in dieser Situation beistehen.

Dass wir als Jünger Jesu überhaupt das Bedürfnis verspüren, Menschen zu lieben, die uns nicht zugetan sind, ist ein Wunder jenes Gottes, der selbst dann unerschütterlich liebt, wenn er abgewiesen wird.

Gebet

Herr, ich danke dir, denn du liebst mich so sehr, dass du niemals aufhören wirst, mir nachzugehen.

3. Geduld

Beten ein Leben lang

Folgt dem Beispiel der Christen, die durch ihr Vertrauen zum Herrn standhaft geblieben sind und alles erhalten werden, was Gott zugesagt hat.
Hebräer 6,12

Augustinus von Hippo (354–430 n. Chr.) gehört zu den wichtigsten Denkern und ist eine Leitfigur der frühen Kirche. Sein Einfluss auf die westliche Kirche ist heute noch zu spüren. Dabei ist weitgehend unbekannt, dass er sich erst bekehrte, nachdem seine Mutter Monica 32 Jahre lang treu und anhaltend für ihn gebetet hatte.

Sie musste miterleben, wie sich ihr Sohn über die Bibel abfällig äußerte, mit seiner Geliebten bei ihr einzog, ein uneheliches Kind zeugte, einer ominösen Sekte beitrat, schließlich die Mutter seines Sohnes verstieß und sich mit vielen Frauen abgab. Aber Monica ließ nicht nach, für ihn zu beten.

Als Zweiunddreißigjähriger hatte Augustinus dann eine Begegnung mit Christus, die sein Leben verändern sollte. Er gab alle seine bisherigen Ämter in Mailand auf und zog mit seinem Sohn in die Heimatstadt

Tagaste, die in Nordafrika lag – um Christus nachzufolgen. Und Monica war es noch vergönnt, die Erhörung ihrer Gebete mitzuerleben.

Durch ihre unerschütterliche Liebe und Hingabe lebte Monica ihrem Sohn die nicht nachlassende Geduld Gottes vor. Gott nimmt es hin, dass wir Menschen manchmal viel Zeit brauchen, um unseren Weg zu Christus zu finden. Selbst wenn wir dabei immer wieder versagen, gibt er uns niemals auf.

Gebet

Vater, wenn mich mein eigenes Versagen entmutigt, dann erinnere mich, dass du voller Geduld dabei bist, mich auf den rechten Weg zu leiten.

Die Geduld Gottes

Du bist ein gnädiger und barmherziger Gott.
Deine Geduld ist groß, deine Liebe und Treue
kennen kein Ende.
Psalm 86,15

Manchmal sind wir versucht, im Gott des Alten Testaments vornehmlich den zornigen Richter zu sehen. In Wahrheit wird er jedoch in beiden Testamenten als der Gott offenbart, der sowohl gerecht urteilt als auch beharrlich liebt, und ein Ausdrucksmittel dieser Liebe ist seine Geduld.

Eigentlich sollte man das hebräische Wort für Geduld eher mit Langmut übersetzen, denn die Grundbedeutung ist *lang*. Der Prophet Jeremia spricht ausdrücklich von Gottes Langmut (Jeremia 15,15 – Luther). Und durch Jesaja redet Gott zu seinem rebellischen Volk: „Damit mein Name weiter gepriesen wird, halte ich meinen Zorn zurück. Ich beherrsche mich und vernichte euch nicht, denn meine Ehre steht auf dem Spiel" (Jesaja 48,9).

Wenn wir also mit unseren Mitmenschen geduldig

sind, selbst in kleinen Dingen, spiegeln wir das Wesen des liebenden Gottes wider.

Wort zum Nachdenken

Versuchen Sie sich zu erinnern, wann Gott in Ihrem Leben schon Geduld mit Ihnen hatte. Und dann danken Sie ihm für seine liebevolle Langmut.

Gefahr im Verzug

*Wenn ihr zornig seid, dann ladet nicht Schuld
auf euch, indem ihr unversöhnlich bleibt.
Lasst die Sonne nicht untergehen, ohne dass
ihr einander vergeben habt.*
Epheser 4,26-27

Eine wissenschaftliche Studie, an der 9000 britische Verwaltungsangestellte beteiligt waren, ergab nachweislich, dass Wut schlecht für die Gesundheit ist. Teilnehmer, die in ihren Beziehungen ständig Kritik und Feindseligkeiten ausgesetzt waren, mussten mit einem um 30 Prozent erhöhten Herzinfarktrisiko leben – im Vergleich zu den Menschen, die Geborgenheit und Rückendeckung erfuhren und regelmäßig die Gelegenheit hatten, über ihre Gefühle offen zu reden.

Wut als Reaktion des Protestes ist an sich nichts Negatives. Aber Wut aus Stress und Ungeduld ist gefährlich. Das ist ein Grund, warum wir uns in Geduld üben sollten, selbst wenn uns ein Mitmensch gehörig auf die Nerven geht. Geduld gibt uns die Gelegenheit, den Gefühlen die Zügel des Verstandes anzulegen, damit sie uns nicht wie Wildpferde durchgehen und wir lieblos reagieren.

Epheser 4,26-27 erinnert uns daran, dass es ein Anliegen des Geistes ist, unsere Wut im Zaum zu halten. Sobald wir nämlich hier nicht aufpassen, geben wir Satan die Gelegenheit, uns anzugreifen, und alles wird in Mitleidenschaft gezogen – die Seele, der Körper und alle unsere zwischenmenschlichen Beziehungen.

Anstoß zum Handeln

Stellen Sie sich eine Situation vor, in der Sie typischerweise aufbrausend reagieren. Nehmen Sie sich nun vor, falls Sie wieder in diese Situation geraten, eine bestimmte Übung zu machen. Sie könnten zum Beispiel bis zehn zählen, fluchtartig den Raum verlassen oder die Hand auf den Mund legen. Das hilft Ihnen, sich erst einmal abzulenken und damit die Wut zu bändigen.

Die Schönheit bleibt

Seid fröhlich in der Hoffnung darauf, dass Gott seine Zusagen erfüllt. Seid standhaft, wenn ihr leidet. Und lasst euch durch nichts vom Gebet abbringen.
Römer 12-12

Der französische Maler Auguste Renoir gehört zu den bekanntesten Impressionisten des 19. Jahrhunderts. In seinen letzten Lebensjahren war er gezwungen, seine Maltechnik der eigenen fortschreitenden Gebrechlichkeit anzupassen. Er litt an rheumatischer Arthritis, und so band er sich manchmal einen Pinsel an seine deformierten Hände, um überhaupt weitermalen zu können. Doch gerade einige seiner berühmtesten Gemälde sind in diesem fortgeschrittenen Zustand seiner Krankheit entstanden.

Zu Renoirs engsten Freunden gehörte der Maler Henri Matisse. Als er eines Tages beobachtete, wie viel Anstrengung es seinen Freund kostete, ein paar Pinselstriche auf die Leinwand zu bringen, fragte er: „Warum malst du noch, wo du doch so sehr leidest?"

Renoir entgegnete: „Die Schönheit bleibt, der Schmerz aber vergeht."

Renoirs Worte erinnern uns an die Hoffnung, die Gott uns schenkt, wenn wir Geduld üben auch angesichts von Enttäuschung und Schmerz. Für das Wort Geduld steht im griechischen Neuen Testament *hypomone* und das heißt in der Grundbedeutung *drunterbleiben*. Als Geduldige sollen wir „unter den Zusagen Gottes bleiben", selbst wenn alles hoffnungslos aussieht. Vertrauen wir also wie Renoir darauf, dass unser Schmerz vergehen wird, das Helle und Schöne in unserem Leben aber Ewigkeitswert hat.

Gebet

*Vater, hilf mir, in dieser Welt zu erkennen,
was Ewigkeitswert hat.*

Geduld führt auf den Weg zur Erlösung

*Wenn manche also behaupten, Gott würde seine Zusage
nicht einhalten, dann stimmt das einfach nicht.
Gott kann sein Versprechen jederzeit einlösen.
Aber er hat Geduld mit euch und will nicht,
dass auch nur einer von euch verloren geht.*
2. Petrus 3,9

Geduld tut nicht nur der Seele wohl, sondern kann auch einen geistlichen Wandel bewirken. Petrus schreibt: „Der Herr bringt euch so viel Geduld entgegen, damit ihr gerettet werdet" (2. Petrus 3,15).

Man mag es kaum glauben, dass etwas so Unspektakuläres wie Geduld dazu nütze ist, jemanden zu Gott zu bekehren. Aber es geschieht. Auch wir selber sind durch Gottes Geduld irgendwann erlöst worden. Hätte er sich entschlossen, unverzüglich Gerechtigkeit walten zu lassen, nachdem wir auf die eine oder andere Art schuldig geworden sind, wäre keiner von uns mehr am Leben. Aber aufgrund seiner liebevollen Geduld hat Gott uns Aufschub gewährt und damit die Gelegenheit gegeben, von seiner Sehnsucht zu erfahren, mit uns eine persönliche Beziehung einzugehen. Gottes Geduld befähigt uns, auch mit anderen geduldig zu sein, damit auch sie die Barmherzigkeit erfahren, die wir schon kennengelernt haben.

Anstoß zum Handeln

Sobald Sie wieder einmal das Gefühl haben, mit Ihrem geringen Beitrag würden Sie ohnehin nicht viel ausrichten, rufen Sie sich den Gedanken aus 2. Petrus 3,15 ins Gedächtnis: Selbst etwas so Unspektakuläres wie Geduld kann auf den Weg zur Erlösung führen!

Baustelle aufgehoben

Deshalb bin ich auch ganz sicher, dass Gott sein Werk, das er bei euch begonnen hat, zu Ende führen wird, bis zu dem Tag, an dem Jesus Christus kommt.
Philipper 1,6

Als Ruth Bell Graham 2007 starb, versammelten sich Tausende von Menschen zu ihrer Beerdigung. Sie alle hatten erfahren, wie viel Liebe und Fürsorge die Verstorbene für andere Menschen hatte. Sie hatte ihrem Mann, dem Evangelisten Billy Graham, 64 Jahre zur Seite gestanden, als Mutter ihre Pflicht getan und nebenbei noch als Autorin gearbeitet.

Zu Ruths bemerkenswerten Wesensmerkmalen gehörte, dass sie sich stets bewusst war, wie treu Gott ihr zur Seite stand. Und diese Gewissheit schenkte ihr die Freiheit, geduldig mit sich selbst und anderen zu sein. Eines Tages hatte Ruth an einem Highway ein Schild gesehen. Und dessen Aufschrift wünschte sie sich für ihren Grabstein: „Die Bauarbeiten sind abgeschlossen. Danke für Ihre Geduld."

Wenn wir uns regelmäßig vor Augen führen, dass wir selber immer noch eine Baustelle sind, können wir auch anderen im Umbau befindlichen Zeitgenossen mit sehr viel mehr Geduld begegnen. Wenn wir jedoch vergessen, dass wir noch lange nicht so sind, wie wir sein könnten, dann wird man uns für borniert und ungeduldig halten. Wie befreiend ist es doch, sich bewusst zu werden, selber immer noch eine Baustelle Gottes zu sein!

Gebet

Herr, danke, dass du mir immer wieder gute Gründe vor Augen führst, mit anderen geduldig zu sein.

Eine Schuld begleichen

Meint ihr etwa, ihr könntet dem Gericht Gottes entgehen, wenn ihr genauso wie die handelt, die ihr verurteilt? Für wie armselig haltet ihr denn Gottes unendlich reiche Güte, Geduld und Treue? Seht ihr denn nicht, dass gerade diese Güte euch zur Umkehr bewegen will?
Römer 2,3-4

Jesus erzählte die Geschichte von einem König, „der mit seinen Verwaltern abrechnen wollte". Einer davon schuldete ihm einen Millionenbetrag. Als er darauf vom König aufgefordert wurde, Frau, Kinder und seinen ganzen Besitz zu verkaufen, um die Schuld zu bezahlen, flehte der Mann: „Herr, hab noch etwas Geduld! Ich will ja alles bezahlen." Da hatte der König Mitleid. Er gab ihn frei und erließ ihm seine Schulden (Matthäus 18-23).

Einige Zeit später forderte dieser Verwalter von einem anderen die Rückzahlung eines Bagatellbetrages. „Da fiel der andere vor ihm nieder und bettelte: ‚Hab noch etwas Geduld! Ich will ja alles bezahlen.'

Aber der Verwalter wollte nicht warten und ließ ihn ins Gefängnis werfen, bis er alles bezahlt hätte" (Matthäus 18,30). Der König erfuhr davon, wurde zornig und sperrte seinen Verwalter ins Gefängnis. „Hättest du nicht auch mit meinem anderen Verwalter Erbarmen haben können, so wie ich mit dir?" (Matthäus 18,33).

Dies ist eins der beeindruckendsten Beispiele dafür, warum wir Geduld mit anderen haben sollten. Es mag dabei um Finanzen gehen wie in unserer Geschichte, genauso gut aber auch um ein Beziehungsproblem, wenn wir darauf warten, dass der andere unsere Zuneigung erwidert. Wir schulden es dem, der uns mit so viel Geduld liebt, dass wir auch unseren Mitmenschen Geduld entgegenbringen.

Anstoß zum Handeln

Wenn Sie heute versucht sind, ungeduldig mit jemand umzuspringen, dann rufen Sie sich schnell wieder ins Gedächtnis, wie viel Geduld Gott oder auch Menschen aus Ihrer Umgebung Ihnen bereits entgegengebracht haben.

Innehalten

*„Haltet inne", ruft er, „und erkennt,
dass ich Gott bin!"*
Psalm 46,10

In unserer hektischen Welt kommt es nicht besonders gut an, gelassen und geduldig seine Arbeit zu tun. Aber wenn wir es einmal ausprobieren, werden wir feststellen, wie sehr sich unser Leben und das der Menschen, mit denen wir täglich zu tun haben, tatsächlich verändert. Es fällt auf, wenn wir geduldig in der langen Schlange stehen, unsere bockigen Kinder in Gelassenheit bändigen oder in einer hektischen Sitzung nicht aus der Haut fahren, denn das Normale heute ist die Ungeduld.

Wenn wir hingegen laut und hektisch sind, verlieren wir die Fähigkeit zu zwischenmenschlicher Nähe – zu tiefen, vertrauten Beziehungen. Unsere eigene innere Unruhe ist genauso ansteckend wie unsere Gelassenheit. Je mehr Ruhe wir ausstrahlen, desto deutlicher wirkt sich das auf unsere Umgebung aus, und das bedeutet, dass es uns immer leichter fällt, die Atmosphäre zu befrieden und so manchen Sturm zu stillen.

Anstoß zum Handeln

Sollten Sie wieder einmal in Ihrem Alltag nervös und hektisch werden, denken Sie an das Psalmwort: „Haltet inne!" Und dann konzentrieren Sie sich darauf, den Sturm in Ihrer Seele zu stillen.

38 Jahre Gebet

*Vertraue auf den Herrn! Sei stark und mutig,
vertraue auf den Herrn!*
Psalm 27,14

Im Jahr 1951 stahl Don Fields eine Gideon-Bibel aus einem Hotelzimmer, nahm sie mit auf seinen Marinestützpunkt und begann, darin zu lesen. Drei Monate später schrie Don zu Gott und bat ihn um Hilfe. „Das war der Anfang meines Glaubens", schreibt er später.

Danach betete er regelmäßig für seine Eltern und die zwei Brüder. Aber erst sieben Jahre später, als sein Vater wieder einmal auf einer ausgedehnten Zechtour war, bekehrte sich die Mutter zu Gott. Don kümmerte sich von nun an sehr viel intensiver um seinen Vater, wodurch die beiden immer öfter ins Gespräch kamen. Wieder ein paar Jahre später rief der betrunkene Vater seinen Sohn zu sich und verkündete lallend, er wolle Christ werden. Don wusste, dass sein Vater nicht nüchtern war, und zweifelte deswegen an seinen Worten. Aber auch nachdem der Vater ausgenüchtert war, blieb er bei seinem Vorhaben und wurde Christ. Das geschah 22 Jahre nach Dons Bekehrung.

Zwölf Jahre später wurde bei Dons Bruder Bob Krebs festgestellt. Die beiden Brüder begannen, sich schriftlich über Glaubensfragen auszutauschen, und Bob nahm ein paar Monate vor seinem Tod Christus als Erlöser an. Als bei Dons Bruder Philip eineinhalb Jahre später ein Hirntumor entdeckt wurde, wollte der zunächst von Gott nichts wissen. Erst auf einer gemeinsamen Reise zu Verwandten kamen die Brüder ins Gespräch. Sie redeten über Gott und die Welt und ein Jahr später wurde Philip gläubig.

„Ich habe 38 Jahre für meine Familie gebetet", erzählt Don. „Und die meiste Zeit habe ich mir kaum vorstellen können, dass einer von ihnen wirklich Christ wird. Dennoch habe ich für sie gebetet, und ich habe nicht aufgehört, mit ihnen über Gott zu reden. Gott ist treu, und man kann sich darauf verlassen, dass er tut, was er will – jedoch zu seiner Zeit!"

Halten wir uns also stets vor Augen, dass Gott auch die liebt, die uns nahestehen – auch wenn es uns manchmal schwerfällt, das zu glauben.

Gebet

Gott, während ich mich um Geduld bemühe,
liebst du _____ viel mehr,
als ich es mir vielleicht vorstellen kann.

Auf Gottes Berufung warten

Dabei wollen wir nicht nach links oder rechts schauen, sondern allein auf Jesus. Er hat uns den Glauben geschenkt und wird ihn bewahren, bis wir am Ziel sind. Weil große Freude auf ihn wartete, erduldete Jesus den verachteten Tod am Kreuz. Jetzt hat er als Sieger den Platz an der rechten Seite Gottes eingenommen.
Hebräer 12,2

Haben Sie auch manchmal das Gefühl: Ach, wenn das richtige Leben doch endlich losginge! *Wenn das erst mal erledigt ist, ja dann ... Wenn die Kinder groß sind, dann ... Wenn erst einmal die Prüfung bestanden ist, kann ich bestimmt ...*

Es ist eigentlich nichts dagegen einzuwenden, von der Zukunft zu träumen, aber manchmal werden wir so ungeduldig und wünschen uns, dass sich unser Leben augenblicklich ändert, dass wir gar nicht mehr mitbekommen, was Gott gerade in diesem Augenblick alles für uns tut. Jesus hat dreißig Jahre darauf gewartet, seinen öffentlichen Dienst anzutreten. Bereits mit zwölf war Jesus imstande, komplizierte Fragen im Tempel so zu beantworten, dass die Gesetzeslehrer staunten (siehe Lukas 2,47). Dennoch verstrichen weitere 18 Jahre, bevor er anfing, zu lehren und Wunder zu tun.

Tatsache ist, dass Jesus die meiste Zeit seines Erwachsenenlebens ein Zimmermann war. Vielleicht hat er sich selber manchmal gefragt, warum sein himmlischer Vater so lange wartete, bis er ihm das Startzeichen für seinen öffentlichen Dienst gab. Aber Gott kannte die exakte Zahl von Tagen, die Jesus brauchte, um seinen Dienst zu beginnen und schließlich zu vollenden. Die Jahre des Wartens gehörten unverzichtbar zu seinem Auftrag!

Indem sich Jesus penibel an Gottes Plan hielt, gab er uns ein Beispiel, das wir nachahmen sollten. Geduldig auf Gott warten ist *aktives* Warten, weil wir nicht die Hände in den Schoß legen, sondern mit wachem Geist das wahrnehmen, was Gott bereits heute für uns tut. Vielleicht beginnen wir dann zu begreifen, wie er uns auf die Zukunft vorbereitet und was wir dafür lernen sollen.

Gebet

Vater, ich möchte dir ganz vertrauen, aber manchmal habe ich keine rechte Vorstellung davon, was es heißt, auf dich zu warten. Hilf mir, rechtzeitig zu erkennen, welche Berufung du für mich hast.

Viel höhere Wege

Meine Gedanken sind nicht eure Gedanken und meine Wege sind nicht eure Wege.
Jesaja 55,8

Ich begegne immer wieder Christen, die erbost darüber sind, dass Gott ihre Gebete nicht erhört hat – zumindest nicht so, wie sie es sich gewünscht hatten und wie es ihrem Zeitplan entsprach. Wer geduldig auf Gottes Eingreifen wartet, vertraut darauf, dass Gott an uns arbeitet und noch lange nicht mit uns fertig ist. Geduldige Menschen glauben an Gottes Liebe, und diese Liebe lässt es gar nicht zu, Gebete zu erhören, die seinem ursprünglichen Plan für uns zuwiderlaufen.

Wir sind nicht die Ersten, die unruhig werden, wenn Gottes Zeitplan so gar nicht unseren Vorstellungen entspricht. Vor mehreren Tausend Jahren erinnerte Gott den Propheten Jesaja: „Denn wie der Himmel die Erde überragt, so sind auch meine Wege viel höher als eure Wege und meine Gedanken als eure Gedanken" (Jesaja 55,9).

Wenn wir gewiss sind, dass Gott liebevoll und gerecht mit uns umgeht, müssen wir seine Wege nicht vorher kennen, um auch in schwierigen Lebenssituationen inneren Frieden zu bewahren. Wir vertrauen dann darauf, dass Gott nach seinem eigenen Zeitplan handelt. Der englische Textdichter und Pfarrer Frederick William Faber drückte es einmal so aus: „Auf Gott müssen wir warten, manchmal lange, voller Demut, bei Wind und Wetter, in Hagel und Sturm, bei Kälte und Nacht. Warte nur und er wird sich dir zeigen. Zu denen aber, die nicht warten, wendet er sich nicht."

Gebet

Lieber Herr, hilf mir, darauf zu vertrauen, dass du mich liebst, selbst wenn ich deinen Zeitplan nicht durchschaue.

Sich abfinden und gehen

Nehmt euch ein Beispiel an den Propheten, die im Auftrag des Herrn gesprochen haben. Wie vorbildlich und mit welcher Geduld haben sie alle Leiden ertragen! Menschen, die so standhaft waren, sind wirklich glücklich zu nennen. Denkt doch nur an Hiob! Ihr habt alle schon gehört, wie geduldig er sein Leiden ertragen hat. Und ihr wisst, dass der Herr in seiner Barmherzigkeit und Liebe alles zu einem guten Ende führte.
Jakobus 5,10-11

Als mein Vater starb, kauften meine Schwester und ihr Mann ein Haus in ihrer Nachbarschaft und richteten es für unsere Mutter ein. Der Gedanke dahinter war: Würde die Mutter eines Tages gebrechlicher werden, so würde sich Sandra, meine Schwester, um sie kümmern. Das war der Plan aus unserer Perspektive. Gottes Plan aber sah ganz anders aus. Die Mutter pflegte schließlich die Tochter. Mit 53 erkrankte Sandra plötzlich an Krebs. Sie wurde von Jahr zu Jahr schwächer und mit 58 ging sie heim zu ihrem Herrn.

In diesen fünf Jahren konnte ich miterleben, wie Sandra alle Widrigkeiten mit viel Geduld ertrug. Im Frühstadium ihrer Krankheit fuhr sie noch allein zu den Behandlungen und nahm meine Mutter nur zum Zeitvertreib mit. Als sich ihr Zustand dann verschlimmerte, ließ sie sich zu ihren Arztterminen fahren. So lange wie möglich passte sie auch gern auf ihren Enkel auf. Als aber ihre Kräfte immer mehr schwanden, verzichtete sie auch noch auf diese großmütterliche Freude.

Sandra hing sehr am Leben, aber ich hörte sie nicht einmal klagen. Sie fand sich ab mit der Wegstrecke, die nun einmal vor ihr lag, und lebte uns damit vor, wie gelassen man Leben und Sterben hinnehmen kann. Damit aber war sie ein Vorbild für die Menschen in ihrer Umgebung. Gemeinschaft mit Christus macht tatsächlich gelassen.

Ich kann nur darum beten, dass, wenn einmal die Zeit für mich kommt, ich mein Schicksal genauso gelassen ertrage, wie ich es bei Sandra damals beobachten konnte. Ich glaube daran, dass diese Gelassenheit eine Gabe Gottes ist – ein Geschenk an alle, die es haben möchten.

Gebet

Vater, ich wünsche mir, dass ich Geduld lerne und meine Ruhe und Gelassenheit andere Menschen auf Christus aufmerksam macht.

4. Vergebung

„Alles, was ich geben kann"

*Wer aber barmherzig ist, braucht das Gericht
nicht zu fürchten.*
Jakobus 2,13

Immaculeé Llibagiza war Anfang zwanzig, als die Stammeskonflikte in Ruanda eskalierten. Eine Million Menschen kamen in nur hundert Tagen der Schreckensherrschaft ums Leben. Immaculeé überlebte, weil sie sich mit acht weiteren Frauen in einem winzigen Badezimmer versteckt hatte. Als das Töten endlich aufhörte, hatte sie fast ihre ganze Familie verloren.

Später hatte sie die Gelegenheit, den Mann kennenzulernen, der als Anführer einer marodierenden Bande ihre Mutter und ihren Bruder getötet hatte. Es war dem Mann anzusehen, dass er sich schämte. Und dann sagte Immaculeé zu ihm: „Ich vergebe dir." Später schrieb sie darüber: „In dem Augenblick wurde mein Herz ganz leicht, und ich sah, wie auch eine Last von seinen Schultern genommen wurde."

Der Gefängniswärter fragte damals Immaculeé, woher sie die Kraft nehme, so etwas auszusprechen. Und sie antwortete: „Vergebung ist doch alles, was ich beitragen kann."

Immaculeé hatte eine Entscheidung treffen müssen. Wollte sie Liebe oder Gerechtigkeit? Der Bandenführer hat niemals auf ihre Geste reagiert, sie aber war nun frei von Groll und Rachegedanken. Die Aufgabe, Gerechtigkeit zu schaffen, überließ sie Gott und den Behörden, und sie verzichtete auf Rache.

Heute reist Immaculeé Llibagiza mit ihrer Botschaft von der Vergebung durch die Welt. Nur Christi Liebe kann so viel Kraft entfalten, dass Wut in Liebe verwandelt wird.

Gebet

Herr, ich möchte die Freiheit genießen,
anderen vergeben zu können.

Sinneswandel

Vor allem aber lasst nicht nach, einander zu lieben.
Denn „Liebe sieht über Fehler hinweg".
1. Petrus 4,8

„Als ich zum ersten Mal in der Schule spickte, tat ich es ohne Gewissensbisse", erinnert sich Marilyn. „Es ging ganz leicht, aber als ich hinterher aus der Klasse ging, fühlte ich mich schrecklich mies. Immer wieder kam mir dieser eine Gedanke: *Jetzt hast du auch noch deine Lieblingslehrerin enttäuscht!* Schließlich gab es die Arbeiten zurück, und ich freute mich riesig, die beste Note in der Klasse zu haben. Also spickte ich wieder und wieder.

Aber zum Ende des Halbjahres hielt ich es mit meinem schlechten Gewissen nicht mehr aus, und so ging ich zu meiner Lehrerin. Doch bevor ich etwas sagen konnte, brach ich in Tränen aus. Sie schloss mich in ihre Arme und ich wiederholte immer nur den einen Satz: *Wenn Sie wüssten!* Sie hätte mich bestimmt nicht so liebevoll umarmt, wenn sie gewusst hätte, warum ich weinte. Dann beichtete ich ihr alles und das Schlimmste danach war ihr tieftrauriger Blick.

‚Marilyn', sagte sie, ‚ich vergebe dir. Ich bin nur froh, dass du es geschafft hast, mir davon zu erzählen.'

Im Zeugnis bekam ich dann eine Drei in Physik, nachdem ich Nachhilfe genommen und die Klassenarbeiten nachgeschrieben hatte. An irgendwelche Formeln und Gesetze erinnere ich mich nicht mehr, aber ich weiß noch sehr gut, wie viel mir damals Mrs Marlows Vergebung bedeutet hat. Als ich Jahre später Christ wurde, ist mir diese Erfahrung eine Hilfe gewesen, die Vergebung Christi zu verstehen. Mrs Marlow hat nie erfahren, wie sehr ihre liebevolle Zuwendung Einfluss auf mein Leben gehabt hat. Aber sie hat mich gelehrt, wie wirkungsvoll ein Wort der Vergebung sein kann."

Wort zum Nachdenken

Ist es schon vorgekommen, dass jemand, der Ihnen vergeben hat, Ihrem Leben einen ganz neuen Impuls gegeben hat?

Allein die Liebe

Glücklich sind alle, denen Gott ihre Sünden vergeben und ihre Schuld zugedeckt hat! Glücklich ist der Mensch, dem Gott seine Sünden nicht anrechnet und der mit Gott kein falsches Spiel treibt!
Psalm 32,1-2

Als David, der zweite König Israels, mit Bathseba Ehebruch beging und ihren Ehemann in den sicheren Tod schickte, liebte Gott ihn zu sehr, als dass er ihn mit seiner Sünde weiterleben ließ. Was Gott tat und zuließ, das lesen wir im Psalm: „Erst wollte ich dir, Herr, meine Schuld verheimlichen. Doch davon wurde ich so schwach und elend, dass ich nur noch stöhnen konnte. Tag und Nacht bedrückte mich dein Zorn, meine Lebenskraft vertrocknete wie Wasser in der Sommerhitze" (Psalm 32,3-4). Gott wusste, dass David nur dann nach seiner Berufung leben konnte, wenn er seine Schuld bekennen würde.

Es ist also wie bei Gott die Liebe, die uns veranlasst, einen Schuldigern zur Rede zu stellen, um es ihm zu erleichtern, um Vergebung zu bitten. Wir vergeben, weil wir den anderen frei sehen wollen. Und wir feiern mit ihm, wenn er seinen Fehler bekennt, denn wir wissen, dass auch Gott mit uns feiert, wenn *wir* bereuen.

Wer also ein liebender und vergebender Mensch werden will, der muss zuallererst seine eigene Schuld bekennen. Das verhindert, dass wir borniert und überheblich auftreten, wenn wir einen, der schuldig geworden ist, bitten, sich zu seinen Fehlern zu bekennen. Wir können nicht weitergeben, was wir nicht vorher bekommen haben. Wenn wir aber die Liebe empfangen haben, die die Quelle von Gottes Gnade ist, werden auch wir befähigt, diese vergebende Liebe anderen weiterzugeben.

Gebet

Vater, manchmal vergesse ich, dass du mich einer Sünde überführst, weil du mich liebst. Danke, dass es dein Wunsch ist, dass ich dir ähnlicher werde.

Bin ich es wert?

Wenn ich etwas zu vergeben hatte, dann habe ich es um euretwillen vor Christus längst getan.
2. Korinther 2,10

In Fjodor Dostojewskis berühmtem Roman *Die Brüder Karamasow* erzählt der Priester Zosima, wie er als Soldat gelebt hat, bevor er sich zu Gott bekehrte. Es begann einen Tag, nachdem er erfahren hatte, dass die Frau, die er liebte, inzwischen mit einem anderen Mann verheiratet war. Er war derart aufgebracht über den Verlust dieser Frau, dass er auf seinen Burschen Afanasy einschlug, bis dessen Gesicht blutverschmiert war.

Am nächsten Morgen fühlte sich Zosima „gemein und beschämt". Später schrieb er darüber Folgendes: „So weit kann es mit einem Menschen kommen: Er schlägt auf ein Mitgeschöpf ein! Was für ein Verbrechen!"

Zosima suchte Afanasy auf und bat ihn um Vergebung. Als er bemerkte, dass sein Bursche erschrocken vor ihm zurückwich, kniete er sich vor ihm hin und beugte sich vor, bis seine Stirn den Boden berührte. „Vergib mir", sagte er noch einmal.

Afanasy verschlug es die Sprache. „Euer Ehren, Herr, was tut Ihr? Bin ich es wert?"

Obgleich Zosima dem Rang nach Afanasys Vorgesetzter war, sagte dieser, indem er um Verzeihung bat: *Wir stehen auf einer Stufe. Ich achte dich. Und du bist es wert, dass ich deine Vergebung erbitte.* Die Bitte um Vergebung drückt immer Wertschätzung aus. Wenn jemand zu uns kommt, um sich zu entschuldigen, dann sagt der oder die Betreffende damit: *Du bist es mir wert. Die Beziehung mit dir ist es mir wert.*

Sollten wir uns über solch ein Bekenntnis nicht freuen und dem anderen vergeben?

Gebet

Vater, wenn Menschen sich bei mir entschuldigen, dann hilf mir zu verstehen, was sie damit ausdrücken wollen, damit ich unverzüglich vergebe.

Amen!

*Seid vielmehr freundlich und barmherzig,
und vergebt einander, so wie Gott euch durch
Jesus Christus vergeben hat.*
Epheser 4,32

Wie lernen wir Vergebungsbereitschaft? Zuallererst müssen wir Amen zu Gottes Vorbild sagen. Amen ist ein hebräisches Wort und bedeutet *wahrlich* oder *es geschehe!*. Wenn wir also von Gott aufgefordert werden, anderen zu vergeben, wir er vergibt, dann sollten wir dazu ein deutliches Amen sagen – ja, so soll es geschehen! Damit öffnen wie unser Herz für das, was Gott uns lehren will – nämlich ohne Groll zu vergeben.

Christ sein bedeutet, eine persönliche Beziehung zu Gott zu haben. Er möchte mit uns in dieser Welt zusammenarbeiten. Er möchte uns dafür einsetzen, seine Liebe sichtbar zu den Menschen zu bringen, damit auch sie wieder Multiplikatoren seiner Liebe werden.

Entscheiden wir uns für die Vergebung, so geht es nicht darum, sich als besserer Mensch fühlen zu können. Es geht um viel mehr: Gott möchte durch uns *sei-*

ne Vergebung den Menschen erfahrbar machen. Und dazu braucht er unser Amen.

Gebet

Lieber Herr, ich möchte, dass deine Gnade in meinem Leben sichtbar wird.

Entschuldigung angenommen

*Richtet nicht über andere, dann werdet ihr auch nicht
gerichtet werden! Verurteilt keinen Menschen,
dann werdet auch ihr nicht verurteilt!
Wenn ihr bereit seid, anderen zu vergeben,
dann wird auch euch vergeben werden.*
Lukas 6,37

Als ich damals Karolyn kennenlernte, war ich sicher, die Frau getroffen zu haben, die mein Bedürfnis nach Nähe und Intimität stillen würde. Natürlich wollte auch ich sie glücklich machen. Aber wir waren kaum ein halbes Jahr verheiratet, da ging es uns schon gar nicht mehr so gut. Mir fiel plötzlich auf, was für hässliche Worte ich der Frau an den Kopf werfen konnte, die ich doch eigentlich liebte. Und sie zahlte es mir mit gleicher Münze heim.

Ich ließ es zu, dass sich Groll bei mir aufstaute. Gewiss, ich hätte mich entschuldigen müssen – aber sie doch wohl auch! Und so wartete ich, aber die Entschuldigung blieb aus – was uns immer mehr auseinanderdriften ließ.

Als ich mich schließlich an Gott wandte, er möge mir helfen, war seine Botschaft eindeutig: „Du musst die Verantwortung übernehmen und dich bei deiner Frau entschuldigen." Mir war klar, dass ich mein Versagen zuallererst vor Gott bringen musste. Und so gestand ich ihm und mir ein, was für ein miserabler Ehemann ich bisher gewesen war.

Am selben Abend entschuldigte ich mich bei Karolyn und zählte alles auf, was mir an Fehlern und Schwächen einfiel. „Wenn du mir vergibst", sagte ich, „mache ich in Zukunft alles anders." Darauf umarmte sie mich und gestand ihrerseits Fehler ein. So vergaben wir uns gegenseitig.

Für eine glückliche Ehe sind keine perfekten Partner nötig, aber die Bereitschaft zu bekennen und zu vergeben ist unerlässlich. Vergebung hilft, uns von Fehlern der Vergangenheit zu lösen, und öffnet die Tür für eine bessere Zukunft, weil wir Verantwortung übernehmen.

Gebet

*Gott, mach mich stark, dass ich mich bei den Menschen, die mir nahestehen, entschuldigen kann –
egal, ob der andere sich entschuldigt oder nicht.*

Strahlende Freude

*Ich sage dir: Ihre große Schuld ist ihr vergeben;
und darum hat sie mir so viel Liebe gezeigt.
Wem aber wenig vergeben wird, der liebt auch wenig.*
Lukas 7,47

Karla Faye Tucker hatte bei einem versuchten Raub zwei Menschen getötet. Ihre Geschichte machte 1998 Schlagzeilen, weil sie die erste Frau seit dem Bürgerkrieg war, die in Texas eines so schweren Verbrechens bezichtigt wurde – und weil sie sich während ihrer Haft zu Christus bekehrte.

Karla Tucker sprach ganz offen über die Quelle ihrer neu gewonnenen Freude – die Vergebung Gottes. Gleich zu Anfang ihrer Haft hatte sie die Bibel einer christlichen Missionsgruppe gestohlen – wie sie dachte –, ohne zu wissen, dass diese Bibeln kostenlos verteilt wurden.

Sie begann zu lesen, weinte viel und bat Gott schließlich, ihr alle Schuld zu vergeben.

„Meine Tat lastete damals schwer auf mir", schrieb sie später. „Zum ersten Mal wurde mir so recht bewusst, dass ich zwei Menschen brutal ums Leben gebracht hatte und dass es da draußen Angehörige gab, denen ich furchtbares Leid zugefügt hatte. Und trotzdem sagte Gott zu mir: ‚Ich liebe dich!'"

Jedermann spürte, dass Karla Tucker von diesem Jesus-Frieden erfüllt war. Viele Mitgefangene begriffen durch sie, wie bitter nötig sie Vergebung hatten.

Ihre Geschichte wird vor allem diejenigen nachdenklich machen, die glauben, Vergebung bestehe allein darin, Schuld zu bemänteln. Wahre Vergebung ist jedoch ein Erkenntnisprozess, an dessen Ende wir begreifen, wie schuldig wir alle sind und wie gut Gott ist. Wahre Vergebung lässt niemanden unverändert.

Gebet

Vater, ich weiß, wie sehr du mich liebst, und deshalb bitte ich dich um Vergebung für

——————————————— .

Das weiß ich genau

Daran zeigt sich, dass die Wahrheit unser Leben bestimmt. So können wir mit einem guten Gewissen vor Gott treten. Doch auch wenn unser Gewissen uns schuldig spricht, dürfen wir darauf vertrauen, dass Gott größer ist als unser Gewissen. Er kennt uns ganz genau.
1. Johannes 3,19-20

Als Mao Tse-tung 1949 in China an die Macht kam, litt die chinesische Kirche unter massiver Verfolgung. Freunde aus anderen Teilen der Welt erfuhren fast nichts von den chinesischen Christen. 1972 erreichte dann eine Nachricht die Vereinigten Staaten mit dem Inhalt: „Den ‚Das-weiß-ich-genau-Leuten' geht es besser." Der Brief war der Zensur nicht aufgefallen, denn niemand in der Behörde wusste, dass dies eine Zeile aus einem der bekanntesten englischsprachigen Kirchenlieder ist.

Anna Warners Choral, verfasst 1859, hatte die schlichte Zeile „Jesus liebt mich – das weiß ich genau" bei Millionen Menschen bekannt gemacht. Es ist diese Glaubensgewissheit, die uns hilft, Gottes Vergebung auch unter schwierigsten Umständen anzunehmen.

Denn auch wenn wir unsere Sünde bekannt haben, hält der Widersacher uns immer noch unsere Verfehlungen vor: *Du wirst es bestimmt wieder tun! Meinst du nicht auch, dass es Gott längst lästig ist, dir immer und immer wieder zu vergeben?* So spottet er. Doch je sicherer wir uns darin werden, *dass Jesus uns liebt und für unsere Sünden gestorben ist,* desto zuversichtlicher fühlen wir uns. Und wer sich seiner Vergebung sicher ist, der kann sie auch an andere weitergeben, ohne sich überwinden zu müssen.

Jedes Mal, wenn wir Gottes Vergebung annehmen oder an andere weitergeben, verkünden wir, dass wir zu den „Das-weiß-ich-genau Leuten" gehören – egal, was der Satan uns einflüstern will.

Gebet

Jesus, du liebst mich – das weiß ich genau!

Der allerbeste Richter

Liebe Freunde, verschafft euch nicht selbst Recht. Überlasst vielmehr Gott das Urteil, denn er hat ja in der Heiligen Schrift gesagt: „Es ist allein meine Sache, euch zu rächen. Ich, der Herr, werde ihnen alles vergelten."
Römer 12,19

Von den Wüstenvätern aus dem vierten Jahrhundert stammt das Wort: „Andere zu richten ist eine schwere Bürde." Weigert sich jemand, uns um Vergebung zu bitten, lautet der biblische Rat, diesen Menschen Gott zu überlassen samt allen Verletzungen, die er angerichtet hat. Überlassen aber heißt, sich davon frei zu machen. Überlassen Sie den Betreffenden Gott, so geben Sie ihn oder sie in die Hände des gerechten Richters, und Sie verzichten auf Ihr Recht, selber für Gerechtigkeit zu sorgen. Tatsächlich ist das der Verzicht auf eine große Bürde.

Jesus hat Maßstäbe gesetzt. Und Petrus schrieb über ihn: „Beschimpfungen ertrug er ohne Widerspruch, gegen Misshandlungen wehrte er sich nicht; lieber vertraute er sein Leben Gott an, der ein gerechter Richter ist" (1. Petrus 2,23). Jesus weigerte sich also, sich an denen zu rächen, die ihm Unrecht taten. Stattdessen überließ er alles dem Vater im Himmel, von dem er wusste, er werde gerecht entscheiden.

Wenn man uns übel mitgespielt hat, neigen wir zu der Auffassung, niemand werde für Gerechtigkeit sorgen, wenn wir es nicht selber tun. Aber ist Gott nicht in einer viel besseren Position, um ein wahrhaft gerechtes Urteil zu sprechen? Und wird Gott nicht aus Liebe das Allerbeste für uns erwirken?

Gebet

Herr, vergib mir, wenn ich einen Mitmenschen richten wollte.

Vergangen ist vergangen

Früher trennte euch eure Schuld von Gott. In seinen Augen wart ihr tot, aber er hat euch mit Christus lebendig gemacht und alle Schuld vergeben.
Gott hat den Schuldschein, der uns mit seinen Forderungen so schwer belastete, eingelöst und auf ewig vernichtet, indem er ihn ans Kreuz nagelte.
Kolosser 2,13-14

Am 28. Dezember 2007 führte die Abfallentsorgungsbehörde eine ungewöhnliche Aktion durch. Man lud Passanten dazu ein, Verletzungen und andere schlimme Erlebnisse aus der Vergangenheit symbolisch zum Times Square zu bringen, wo Mülltonnen und riesige Schredder bereitstanden, um alle negativen Erinnerungen zu entsorgen. Die Organisatoren stellten auch das Schreibpapier zur Verfügung, damit Passanten ihre Gedanken aufschreiben und ihre leidvollen Erfahrungen schreddern konnten.

Auf diese Weise verabschiedeten sich die Menschen von Süchten, schlechten Zeugnissen, verletzenden

Briefen, negativen Bildern und von Menschen, mit denen kein Friede zu schließen war. Viele trennten sich von Wut und Groll. Stunden später fuhren die Müllwagen alles ab. Und zurück blieben viele New Yorker mit lachenden Gesichtern.

Es kann ausgesprochen heilsam sein, sich vom Schmerz einer Beziehung und den Verletzungen durch einen symbolischen Akt zu trennen, denn es ist ein Akt der Vergebung. Und Gott wird uns gern helfen, all die Verletzungen, die wir momentan krampfhaft festhalten, in den Reißwolf zu tun.

Wort zum Nachdenken

Wenn Sie die Erinnerung an eine Verletzung aus dem vergangenen Jahr in den Reißwolf tun könnten, welche wäre das?

Echte Beziehungen

Wenn du eine Opfergabe zum Altar bringst und dir fällt
plötzlich ein, dass dein Bruder dir etwas
vorzuwerfen hat, dann lass dein Opfer am Altar zurück,
geh zu deinem Bruder und versöhne dich mit ihm.
Erst danach bring Gott dein Opfer dar.
Matthäus 5,23-24

Es war Abendmahlsgottesdienst und der Pastor predigte über 1. Korinther 11, jenen Abschnitt, in dem Paulus die wohlhabenden Korinther rügt, weil sie das Abendmahl unwürdig feiern, indem sie die ärmeren Glaubensgeschwister davon ausschlossen.

Der Pastor wollte sicherstellen, dass die Gemeinde noch einmal in sich ging, bevor sie kam, um Brot und Wein zu empfangen. Und so beendete er seine Ermahnung mit dem Bibeltext, der oben steht (Matthäus 5,23-24). Einen Gedanken fügte er allerdings noch hinzu: „Einige von euch haben eine Beziehung durch Worte oder durch euer Verhalten zerstört. Auch wenn ihr das Abendmahl verpassen solltet, so ist es Gott lieber, wenn ihr jetzt aufsteht, nach draußen geht und den Betreffenden mit dem Handy anruft und um Vergebung bittet."

Es waren viele, die aufstanden und bereits auf dem Weg nach draußen ihr Handy hervorholten. Das Strahlen auf ihren Gesichtern, als sie wiederkamen, zeigte an, dass sie ein geistliches Bad genommen hatten und nun bereit waren, in Gottes Gegenwart das Abendmahl zu feiern.

Wenn wir echte Beziehungen erhalten wollen, müssen wir sie pflegen, indem wir uns zu unserem Fehlverhalten bekennen und die Vergebung der anderen suchen. Erst damit schaffen wir die Voraussetzung, auf Dauer liebevoll mit anderen Menschen umgehen zu können.

Gebet

Vater, zeige mir, was ich tun kann, damit meine Beziehungen authentischer werden.

Renovierung des Herzens

*Dann will ich ihr die Weinberge zurückgeben;
das Achortal, das Unglückstal, soll für sie ein Tor
der Hoffnung sein.*
Hosea 2,17

Bostons *Liberty Hotel* ist eine richtige Luxusherberge mit dem entsprechenden Publikum. Man wird aber nicht nur mit Erlesenem verwöhnt, sondern kann auch gleichzeitig einen Blick in die Vergangenheit werfen.

Erbaut 1851, war das Haus zunächst ein Gefängnis und beherbergte auch später noch eher zwielichtige „Gäste" – Kriegsgefangene aus dem Zweiten Weltkrieg und so manchen Schwerverbrecher.

Jahre nachdem es außer Dienst gestellt war, weil es den Anforderungen nicht mehr genügte, wurde der alte Granitbau für 150 Millionen Dollar umgebaut. Heute ist das Tor zum ehemaligen Gefängnis die Eingangstür zu einem italienischen Nobelrestaurant, das mit Erinnerungsstücken aus der Gefängniszeit dekoriert ist. Die Gäste dinieren neben Eisengittern, und aus den Laufgängen, auf denen früher die Wächter patrouillierten, sind elegante Galerien geworden. Ein ehemaliger Gefangener, der das Hotel einmal aufsuchte, meinte: „Es ist mir unbegreiflich, wie es möglich ist, etwas so Hässliches in etwas so Schönes zu verwandeln."

Dieses renovierte Hotel ist nur ein schwaches Abbild von dem, was Gott mit uns vorhat, denn auch er will ja, dass unser Leben nicht mehr ein Ort zum Büßen einer Schuld sein muss, sondern zu einem hellen Ort der Freude wird. Und wir selber tragen zu dieser Renovierung immer dann bei, wenn wir jemand vergeben. Gottes Gerechtigkeit kann das Böse zwar nicht mit einem Achselzucken abtun, aber aus seiner großen Liebe heraus hat er einen Renovierungsplan für uns erdacht, damit aus einem Ort der Gerechtigkeit ein Ort der Gnade wird.

Wort zum Nachdenken

Überlegen Sie, ob es einen Menschen gibt, dem Sie etwas nachtragen. Wie würde sich die Atmosphäre zwischen Ihnen verändern, wenn Sie kräftig renovierten und aus Groll Heiterkeit entstünde?

5. Freundlichkeit

Unser rücksichtsvoller Gott

Liebt einander, wie ich euch geliebt habe.
Johannes 15,12

Wer *freund*lich ist, geht auf Menschen zu und betrachtet sie grundsätzlich als Freunde – und Gott ist uns ein Vorbild darin.

Als die Israeliten auf dem Weg ins Gelobte Land waren, ging Mose ins Zelt der Begegnung, und „der Herr sprach mit Mose von Angesicht zu Angesicht, wie Freunde miteinander reden" (2. Mose 33,11). Diesem Vers können wir entnehmen, dass der Schöpfer des Universums unser Freund sein will.

Und Jesus sagte zu denen, die zum Glauben an ihn gekommen waren: „Ich nenne euch nicht mehr Knechte ... Ihr aber seid meine Freunde; denn ich habe euch alles anvertraut, was ich vom Vater gehört habe" (Johannes 15,15).

Sie mögen die Nähe Gottes nicht spüren oder unsicher sein, was er über Sie denkt. Und dennoch: Für ihn sind Sie ein Freund, eine Freundin! Er sehnt sich danach, dass sich Ihre Beziehung vertieft. Er will Ihr Kamerad und Wegbegleiter sein – so wie ein Freund es dem anderen ist.

Wort zum Nachdenken

Malen Sie sich einmal aus, was es bedeutet, einen echten Freund zu haben. Wenn Ihre Beziehung zu Gott eine solche Freundschaft werden könnte, wie würde sich dann Ihr Verhältnis zum Schöpfer verändern?

Für einen meiner Geringsten

Was ihr für einen meiner geringsten Brüder getan habt, das habt ihr für mich getan.
Matthäus 25,40

Es gelingt uns dann am besten, anderen Menschen gegenüber freundlich zu sein, wenn wir uns vor Augen halten, dass jeder ein Geschöpf Gottes ist und damit einen hohen Wert besitzt.

Mutter Teresa war sich dessen stets bewusst, und so setzte sie ihr Leben im Dienst für andere Menschen ein. Sie sagte einmal: „Es ist Jesus, an dem wir unseren Dienst tun, den wir besuchen, kleiden, ernähren und trösten ... Wir sollten den Armen nicht helfen, als *wären* sie Jesus, sondern weil sie Jesus *sind*."

Diese Einstellung ist es, die die Christen drängt, den Obdachlosen, den Kranken und den Katastrophenopfern draußen mit tätiger Hilfe beizustehen. Dabei müssen wir uns keineswegs darauf beschränken, nur den Leidtragenden zu helfen, von denen wir aus den

Medien erfahren. Wenn wir überzeugt sind, dass jeder Mensch – der in der Öffentlichkeit und der zu Hause – ein Geschöpf Gottes ist, dann verspüren wir einfach den Wunsch, ihm mit Freundlichkeit zu begegnen.

Gebet

Jesus, erinnere mich immer wieder daran, dass ich dich liebe, wenn ich andere Menschen liebe.

Den Verfolgern ein Mahl bereitet

Liebt eure Feinde und betet für alle, die euch verfolgen.
Matthäus 5,44

Polykarp von Smyrna (etwa 69–156 n. Chr.) war Bischof der frühen Kirche. Und als die Christenverfolgung auch seine Stadt erreichte, wusste er, dass er in großer Gefahr schwebte. So floh er aufs Land. Doch die römischen Verfolger spürten ihn auch dort auf. Polykarp aber zeigte sich weder ängstlich noch aufgebracht und schon gar nicht feindselig. Stattdessen, so heißt es in alten Quellen, „ging er ihnen entgegen und redete mit ihnen ... Gleich darauf ließ er ihnen zu essen und zu trinken vorsetzen, so viel sie verlangten, und bat sich eine Stunde aus, damit er ungestört beten könne ... Im Stehen betend wurde er von der Gnade Gottes so erfüllt, dass er sich zum Erstaunen derer, die es hörten, zwei Stunden nicht mehr fassen konnte."

Als ihn seine Verfolger zurück in die Stadt brachten, versuchten sie ihn zu überzeugen, Christus abzuschwören. Er aber entgegnete: „86 Jahre habe ich ihm nun gedient und er hat mir nichts Übles angetan. Wie könnte ich da meinen König lästern, der mich gerettet hat!"

Polykarp wurde seines Glaubens wegen getötet, und in seiner letzten Stunde dankte er Gott dafür, dieses Leides würdig zu sein. Er liebte Gott, aber auch die, die ihn gefangen nahmen, sodass er für ihr leibliches Wohl sorgte und ihnen unter widrigsten Umständen mit Freundlichkeit entgegentrat. Wenn Christen eine enge und vertraute Beziehung zu ihrem Herrn pflegen, kostet es sie keine Überwindung, seine Liebe weiterzugeben – komme, was da wolle. Wir sollten es also gar nicht erst versuchen, uns aus eigener Kraft zur Freundlichkeit durchzuringen, stattdessen aber die Nähe Christi suchen.

Gebet

Lieber Vater, hilf mir, dich so zu lieben, dass es mich keine Mühe mehr kostet, andere zu lieben.

Einander ernst nehmen

*Welchen Wert hat schon ein Spatz auf dem Dach?
Man kann fünf von ihnen für einen Spottpreis kaufen.
Und doch vergisst Gott keinen einzigen von ihnen.
Bei euch sind sogar die Haare auf dem Kopf alle
gezählt. Darum habt keine Angst! Ihr seid Gott mehr
wert als ein ganzer Spatzenschwarm.*
Lukas 12,6-7

C. S. Lewis schrieb: „Mit einem ‚gewöhnlichen Sterblichen' haben Sie noch nie gesprochen, denn es gibt keinen Menschen, der nichts weiter ist als ein Sterblicher ... Das heißt nun aber nicht, dass wir immerzu ehrfurchtsvoll miteinander umgehen müssten. Wir dürfen auch ausgelassen sein. Dennoch, jede Fröhlichkeit unter uns muss erkennen lassen, dass wir uns gegenseitig ernst nehmen." Für Christen bedeutet das, in jedem, dem wir begegnen, ein Ebenbild Gottes zu sehen – auch in der unfreundlichen Kassiererin, dem schnippischen Teenager oder dem beim Diebstahl ertappten Angestellten. Jedes Geschöpf spiegelt Gott wider.

Wie sollten wir da nicht jedem, dem wir begegnen,

die Freundlichkeit entgegenbringen, die ihm als Gottesgeschöpf zusteht!

Gebet

Herr, vergib mir, wenn ich Menschen links liegen lasse. Und hilf mir auch heute wieder, auf andere so zuzugehen, dass sie sich wertgeschätzt fühlen.

Eine Zeit zum Geben

Da nahm Maria ein Fläschchen mit reinem, kostbarem Nardenöl, goss es über die Füße Jesu und trocknete sie mit ihrem Haar. Der Duft des Öls erfüllte das ganze Haus.
Johannes 12,3

Margaret Jensen wuchs als Pastorentochter während der Weltwirtschaftskrise auf. Und sie erinnert sich noch sehr gut an einen Tag, an dem die Familie wieder einmal sehnsüchtig auf die Lohntüte des Vaters wartete, um endlich wieder Lebensmittel einkaufen zu können. Doch als der Vater nach Hause kam, überreichte er seiner Frau nicht das erhoffte Geld, sondern eine Perlenkette. Er verbeugte sich dabei und sagte: „Mama, du hast einen so wunderschönen Hals, da gehören einfach Perlen hin."

Die Mutter nahm das eigentlich nutzlose Geschenk dankbar entgegen und versprach, die Kette in Zukunft immer zu tragen. Margaret schrieb: „Meine Mutter hat später mit mir darüber geredet und gesagt: ‚Alles hat seine Zeit und manchmal brauchen wir Perlen statt Kartoffeln. Damals war der richtige Moment für Perlen.'"

Wer ein so liebevoll gedachtes Geschenk dankbar annimmt, der verschenkt Freundlichkeiten. Als Maria Jesu Füße mit kostbarem Duftöl salbte, ereiferte sich Judas. Jesus aber wies ihn zurecht: „Lass sie doch! Maria hat damit nur die Salbung für mein Begräbnis vorweggenommen" (Johannes 12,7). Maria war die Schwester von Lazarus, den Jesus von den Toten auferweckt hatte. Ihr Geschenk war gewiss Ausdruck tiefer Wertschätzung für das, was Jesus getan hatte. Jesus aber nahm es freundlich an, ohne ihre Motive zu hinterfragen.

Manchem von uns fällt es leichter zu schenken als etwas anzunehmen. Wenn wir aber denen, die uns beschenken, unsere Freude zeigen, dürfen sie erfahren, wie sehr Freundlichkeit das Herz erwärmt.

Gebet

Vater, ich möchte mich über Geschenke von anderen immer sichtbar freuen können.

Waren „Engel" zu Gast?

Vergesst nicht, Gastfreundschaft zu üben!
Denn ohne es zu wissen, haben manche auf
diese Weise Engel bei sich aufgenommen.
Hebräer 13,2

Ich sehe ihn vor mir, den gealterten Abraham, wie er im Schatten seines Zeltes sitzt und in die flirrende Weite der Wüste blickt, immer noch zweifelnd, ob die drei Gestalten eine Fata Morgana sind. Aber dann stehen die drei Männer leibhaftig vor ihm.

Wie es die Sitte verlangte, musste Abraham die Fremden willkommen heißen, doch da sie ihm etwas unheimlich erschienen, hätte er am liebsten seine Gastfreundschaft vergessen. Er kannte keinen von ihnen. Aber dann blieb Abraham seinem Wesen treu, verbeugte sich höflich, ließ Brot backen und eilte, um ein Kalb für die Bewirtung der Männer schlachten zu lassen (siehe 1. Mose 18,1-8).

Sind wir genauso gastfreundlich wie Abraham? Ist

er uns ein Vorbild? Laden wir zum Essen und zu guten Gesprächen ein – aber nicht nur Freunde, sondern auch die lästigen Verwandten? Haben wir Freude daran, die Bedürfnisse auch derjenigen zu stillen, die uns über den Weg laufen?

Abraham wusste es damals nicht, aber seine Gäste waren himmlische Wesen – zwei Engel und der Herr selber. Unsere Besucher sind vielleicht keine Engel, aber Gott wünscht sich, dass wir auch jedem anderen einen Liebesdienst tun.

Gebet

*Herr, ermahne mich immer wieder,
denen meine Gastfreundschaft zu erweisen,
die du mir über den Weg schickst.*

Alle sind hier willkommen

Unterdrückt die Fremden nicht, die bei euch leben, sondern behandelt sie wie euresgleichen. Liebt sie wie euch selbst, denn auch ihr seid Fremde in Ägypten gewesen! Ich bin der Herr, euer Gott.
3. Mose 19,34

Man erzählt sich, der Hindu Mahatma Gandhi habe während seines Studiums in England das Neue Testament gelesen und sei vom Leben und Wirken Christi sehr angetan gewesen. Er sei eines Tages zu einer christlichen Gemeinde gegangen und habe den dortigen Pastor gefragt, wie er Christ werden könne. Leider ist der Schluss der Geschichte nur ausgedacht und das Gespräch mit dem Pastor hat nie stattgefunden. Bereits an der Kirchentür ist er vom Küster abgewiesen worden. Er sei nicht willkommen, hieß es da. Gandhi glaubte deshalb, dass selbst die christliche Kirche ihr Kastensystem habe – und so blieb er ein Hindu.

Was hätte ein bisschen Freundlichkeit an der Kirchentür für diesen jungen Mann bedeuten können, der heranwuchs und Jahre später zu einem Millionenvolk sprach! Wir alle kennen das wahrscheinlich: Wir gehen irgendwo hin, wo wir noch nie waren, und fühlen uns schrecklich fremd. Wird man uns aufnehmen? Wie sollen wir uns am besten verhalten?

Kommen „Fremde" in unsere Gemeinde, mag deren Art, zu reden oder sich zu kleiden, für uns ungewohnt sein. Aber das ist doch eigentlich kein Grund, den Betreffenden links liegen zu lassen. Jeder Mensch ist ein potenzieller Bruder oder eine potenzielle Schwester. Wenn wir das stets im Gedächtnis behalten, öffnen wir so manche Tür für ein herzliches Willkommen.

Gebet

Vater, wenn wieder einmal ein „Fremder" in unsere Gemeinde, in mein Haus oder zu mir an den Arbeitsplatz kommt, möchte ich ihn so freundlich willkommen heißen, wie du es tun würdest.

Sich entschuldigen und Freundschaft schließen

*Wer ehrlich ist und treffende Worte findet,
den nimmt der König zum Freund.*
Sprüche 22,11

Ich kannte die Bankangestellte nur flüchtig, obgleich ich sie schon öfters in der Filiale gesehen hatte. Doch dann bekam ich mit ihr zu tun, weil ich eine Fehlbuchung zu meinen Ungunsten entdeckt hatte. Ich trug also meinen Einwand vor, doch die Frau blieb uneinsichtig. Da wurde ich laut. Und was sie mir entgegenhielt, gefiel mir gar nicht, worauf ich wutschnaubend die Bank verließ.

Wie konnte man mich so behandeln! Aber dann redete Gott zu mir: *Die Frau dürfte kaum bemerkt haben, dass du ein Freund von Jesus Christus bist!* Da bekannte ich Gott meine Sünde und erhielt seine Vergebung. Gleichzeitig war mir klar, dass ich noch einmal in die Filiale gehen musste.

„Ich komme noch einmal zu Ihnen, um mich zu entschuldigen", sagte ich zu der Bankangestellten. „Es tut mir leid, dass ich meine schlechte Laune an Ihnen ausgelassen habe. Damit habe ich Ihnen Unrecht getan, und es war nicht richtig, auch noch laut zu werden. Ich habe schon Gott um Vergebung gebeten, und ich möchte nun auch Sie darum bitten, mir zu verzeihen."

Die junge Frau nahm meine Entschuldigung sofort an. Darauf bedankte ich mich und sagte: „Ich hoffe, Ihr weiterer Tag wird nun erfreulicher verlaufen."

Als wir uns später in der Bank wiedersahen, lächelte ich sie an, und sie lächelte zurück – ja, und es kam sogar noch zu einem netten Gespräch.

Freundlichkeit heißt auch, sich zu entschuldigen, wenn man unfreundlich war. Wer sich entschuldigt und Vergebung erfährt, der überwindet nicht nur Konflikte, sondern bekommt sogar Gelegenheit, Freundschaften zu schließen.

Anstoß zum Handeln

Wann haben Sie zum letzten Mal einen Menschen respektlos behandelt? Was könnten Sie tun, um es wiedergutzumachen?

Ein Handschlag von Thomas Jefferson

*Jetzt erst habe ich richtig verstanden,
dass Gott niemanden wegen seiner Herkunft
bevorzugt oder benachteiligt.*
Apostelgeschichte 10,34

Am 4. Juli 1801 tat Präsident Thomas Jefferson auf einem Empfang im Weißen Haus das Undenkbare: Er reichte allen seinen Gästen die Hand. Seine Vorgänger, George Washington und John Adams, hatten sich noch vor Ehrengästen verbeugt und nur wenigen hochrangigen Persönlichkeiten die Hand gereicht. Mit seinem Traditionsbruch führte Jefferson ein neues Denken ein. Er behandelte alle Menschen gleich, unabhängig von ihrem gesellschaftlichen Status. Heutzutage schütteln Politiker ganz selbstverständlich Hände, küssen Babys und gehen auf Menschen zu, als seien es Bekannte. Jefferson hat damals den Anfang gemacht.

Ob es bei den Politikern von Herzen kommt oder ob es ihnen nur um den Stimmenfang geht, mag dahingestellt bleiben, aber Jeffersons Initiative hat die Entwicklung zu einer neuen Werteordnung angestoßen, nach der jeder Mitmensch unserer Freundschaft wert ist – unabhängig von seiner gesellschaftlichen Stellung. Wenn wir andere Menschen mit einem warmherzigen Lächeln, mit einem freundlichen Wort und mit einem Händedruck in unserem Leben willkommen heißen, so zeigen wir ihnen damit, wie die Liebe Gottes ist.

Wort zum Nachdenken

Kommt es vor, dass Sie sich anderen überlegen fühlen? Wann haben Sie Menschen deswegen unfreundlich und respektlos behandelt?

Gegen den Strom

*Passt euch nicht dieser Welt an, sondern ändert euch,
indem ihr euch von Gott völlig neu ausrichten lasst.
Nur dann könnt ihr beurteilen, was Gottes Wille ist,
was gut und vollkommen ist und was ihm gefällt.*
Römer 12,2

In einem Bostoner Coffeeshop steht neben der Kasse ein Schild, auf dem zu lesen ist: „Bitte nicht!" Und dann ist da noch ein durchgestrichenes Handy abgebildet. Der Besitzer erzählte mir, dass laute Telefonate an den Tischen drastisch zurückgegangen seien, seit er dieses Schild aufgestellt habe.

Rücksichtnahme und Höflichkeit sind so selten geworden, dass viele Firmen dazu übergehen, Benimmkurse am Arbeitsplatz anzubieten. Arbeitgeber erkennen, dass rücksichtsloses Benehmen und schlechte Manieren der Produktivität und dem Betriebsklima schaden. Das soll sich ändern. Und so ist es inzwischen vielfach verboten, auf Sitzungen das Handy zu benutzen. Solche einfachen Benimmregeln fördern den Respekt voreinander, und das tut allen zwischenmenschlichen Beziehungen gut.

Dieser Mangel an Respekt in unserer Gesellschaft gibt uns Christen die Gelegenheit, uns durch Freundlichkeit positiv abzuheben, indem wir gegen den Strom schwimmen. Das griechische Wort *ekklesía*, das im Neuen Testament mit Gemeinde oder Kirche übersetzt wird, bedeutet wörtlich *die Herausgerufene*. Die Menschen in der Gemeinde haben sich auf das Liebesangebot Gottes eingelassen und sind nun herausgerufen, um Christus nachzufolgen. Wer herausgerufen ist, schwimmt nicht mehr mit dem Strom, sondern begegnet anderen in allen Lebenslagen mit Respekt und Freundlichkeit.

Anstoß zum Handeln

Haben Sie irgendeine Angewohnheit, durch die Sie womöglich respektlos und unhöflich wirken? Was können Sie tun, um diese Angewohnheit abzulegen?

Darf ich Sie mal stören?

Bald darauf zog Jesus durch viele Städte und Dörfer. Überall sprach er zu den Menschen und verkündete die rettende Botschaft von Gottes neuer Welt.
Lukas 8,1

Es fällt besonders dann schwer, höflich zu bleiben, wenn andere uns stören. Wer hat nicht schon innerlich geseufzt, wenn eine liebe Kollegin „nur mal kurz vorbeischauen" wollte, während wir gerade dabei waren, eine wichtige Sitzung vorzubereiten. Doch auch wenn man dem anderen einen Korb geben *muss*, kann dies sehr freundlich und höflich geschehen.

Eines Tages war Jesus von einer riesigen Menschenmenge umringt, als eine Frau den Saum seines Mantels berührte. Bedrängten ihn nicht schon viel zu viele Menschen mit ihren Sorgen und Nöten? Er und seine Jünger waren schon lange unterwegs, hatten Hunger und Durst. Jemand anders hätte sich kaum aufhalten lassen. Jesus aber blieb stehen und fragte, wer ihn berührt habe (Lukas 8,45). Er kümmerte sich um die notleidende Frau, heilte sie und sagte zu ihr: „Tochter, dein Glaube hat dir geholfen. Geh in Frieden" (Vers 48).

Kurz darauf fiel ein Mann namens Jairus zu seinen Füßen nieder und flehte, Jesus möge zu ihm nach Hause kommen, denn seine Tochter liege im Sterben. Jesus gab seine ursprünglichen Pläne sofort auf und kehrte bei Jairus ein, wo er das Mädchen von den Toten auferweckte.

Indem Jesus seine eigenen Pläne zugunsten von Gottes Absichten hintanstellte, zeigte er, dass er bedürftige Menschen nicht als Störer empfand, sondern als Freunde.

Gebet

Herr, ich möchte immer wissen, was du im Augenblick von mir willst, damit ich vermeintliche Störungen, die vielleicht von dir kommen, nicht als lästig empfinde.

Liebe in Chicago

Denn Gott hat die Menschen so sehr geliebt, dass er seinen einzigen Sohn für sie hergab. Jeder, der an ihn glaubt, wird nicht zugrunde gehen, sondern das ewige Leben haben. Gott hat nämlich seinen Sohn nicht zu den Menschen gesandt, um über sie Gericht zu halten, sondern um sie zu retten.
Johannes 3,16-17

D. L. Moody war ein Evangelist aus dem 19. Jahrhundert, der durch seine Predigten und Publikationen Millionen Menschen ansprach und veränderte. 1850 trat er zum ersten Mal öffentlich auf. Er predigte damals zu Seeleuten im Hafen von Chicago und zu Glücksspielern in den Saloons der Stadt. Auf einer Reise nach Irland lernte Moody dann einen bekehrten Taschendieb aus dem englischen Lancashire kennen. Der schmächtige junge Mann beeindruckte ihn zunächst wenig. Dennoch war er schließlich einverstanden, dass dieser Harry Moorhouse ihn in Chicago als Prediger vertrat. Das war im Jahr 1868.

Moorhouse predigte an sieben aufeinanderfolgenden Abenden über die Liebe Gottes und bezog sich dabei auf Johannes 3,16. Als Moody von seiner Reise heimkehrte und erlebte, wie Moorhouse mit der Vollmacht seiner schlichten Botschaft in großer Zahl Menschen zu Gott führte, war er zutiefst bewegt. Ihm fiel auf, dass sich seine eigene Predigt immer nur darum drehte, wie sehr Gott die Sünde und den Sünder hasse. Moody erkannte, wie lieblos das war – und eine Sünde obendrein. Darauf entschloss er sich, von nun an viel deutlicher auf die Liebe Gottes zu verweisen.

Wenn wir Menschen freundlich annehmen, ganz gleich, was sie getan haben, dann führen wir ihnen die Liebe Gottes vor Augen – eine Liebe, die ein Leben verändern kann.

Wort zum Nachdenken

Nehmen Sie in Ihrer Gemeinde Menschen so an, wie Gott es tut – egal, was sie früher getan haben? Wirklich?

6. Demut

Der demütige König

*Einzigartig ist der Herr. Niemand im Himmel
und auf der Erde ist ihm gleich. Sein Thron steht hoch
über allen Thronen, und doch sieht er,
was in der Tiefe vor sich geht.*
Psalm 113,5-6

Es ist der erste Abend, nachdem der erste Mensch die ersten Schritte auf der Erde gegangen war. Davor hatte Gott die Sterne erschaffen, das Wasser und die Bäume. Und nun tut er etwas Bemerkenswertes: Er sucht das Gespräch mit dem ersten Menschen. Indem er mit Adam zu reden beginnt, zeigt Gott, dass er bereit ist, sich auch auf das Niveau seiner Schöpfung zu begeben. Und als sich dann später Adam und Eva gegen ihn auflehnen, begibt sich Gott auf die Suche nach ihnen (siehe 1. Mose 3,8). Er nimmt diese Demütigung in Kauf, um nur bei seinen Kindern zu sein.

Die Vorstellung vom demütigen Gott ist uns nicht allzu geläufig. In himmlischen Höhen, heilig, erhaben – ja, so sehen wir Gott. Aber demütig? Dennoch, seit Anbeginn der Schöpfung beugt sich der liebende Gott, um mit uns in Beziehung zu treten.

Und Christus ist höchster Ausdruck dieser göttlichen Selbstlosigkeit. Als der Sohn Gottes unter uns Menschen wohnte, „wurde er einem Sklaven gleich: Er nahm menschliche Gestalt an und wurde wie jeder andere Mensch geboren" (Philipper 2,7). Christus kam herab, damit wir aufsteigen konnten. Er beanspruchte weniger, damit wir mehr bekommen konnten. Eine solche Selbstlosigkeit hat ihre Quelle in einem wahrhaft liebenden Herzen. Gott reicht uns die Hand, damit wir bei ihm sein können. Und wenn wir unsere Mitmenschen lieben, bleiben wir ganz in der Nähe desjenigen, der uns so demütig zur Seite stehen will.

Gebet

Herr, ich bete dich an, weil du so erhaben bist und dich tief beugst, um bei mir zu sein.

Mit Jesu Augen

*Aber er hat zu mir gesagt: „Meine Gnade ist alles,
was du brauchst! Denn gerade wenn du schwach bist,
wirkt meine Kraft ganz besonders an dir."
Darum will ich vor allem auf meine Schwachheit stolz
sein. Dann nämlich erweist sich die Kraft Christi an mir
... Gerade wenn ich schwach bin, bin ich stark.*
2. Korinther 12,9-10

Lilias Trotter, Missionar unter den Muslimen Algeriens, erzählt die Geschichte von einem kleinen Mädchen namens Melha, das verstanden hatte, was Demut bedeutet.

„[Melha] ging zu ihrem fast erblindeten Vater und deutete auf eins der Bilder an der Wand, das den Herrn zeigte, der die Kinder zu sich ruft. Melha sagte: ‚Sieh dir Jesus an, Vater.'

‚Ich kann doch nicht sehen, meine Tochter. Meine Augen sind blind', kam die Antwort. [Das Mädchen] sah zu dem Bild auf und sagte: ‚Ach Jesus, dann sieh du wenigstens den Vater an!'"

Hätte Melha schon den Stolz der Erwachsenen besessen, hätte sie womöglich ihrem Vater zugestimmt, dass es für einen Blinden vergeblich sei, Gott sehen zu wollen. Aber in ihrer unbeschwerten Demut nahm sie die Schwäche des Vaters hin und vertraute gleichzeitig auf Gottes Stärke. Sie wusste, dass Gott uns sieht, noch bevor wir einen Blick auf ihn werfen können. Er wünscht sich, dass wir begreifen, wie sehr wir Schwachen uns auf seine Stärke verlassen können.

Mit unserem Ehrgeiz glauben wir, zuerst alles selber regeln zu müssen, bevor wir uns überhaupt an Gott wenden. Aber mit Demut im Herzen begreifen wir, dass wir nur mit Gottes Hilfe so heil und ganz werden, um ihn lieben und sehen zu können. Und das erst befähigt uns, ein Herz für andere Menschen zu haben.

Gebet

Gott, ich fühle mich schwach heute. Hilf mir, in dir stark zu sein.

Andern Gutes tun

Denkt daran, was unser Herr Jesus Christus in seiner Liebe für euch getan hat. Er war reich und wurde doch arm, um euch durch seine Armut reich zu machen.
2. Korinther 8,9

Der Edelmann Dominikus de Guzmán (1170-1221), Gründer der Dominikaner, war für seine aufopfernde Hilfsbereitschaft bekannt. Bereits als junger Mann war Dominikus ein Gelehrter und seine Bibliothek war hoch geschätzt. Während einer Hungersnot verkaufte er viele seiner Bücher, weil es ihm wichtiger war, den Armen zu helfen, als in Büchern zu studieren.

Dominikus war davon überzeugt, dass Liebe viel eher erfahrbar wird, „indem man Demut und andere Tugenden vorlebt als durch Zurschaustellung eigener Größe und durch Redegewandtheit". Und so entschloss sich der Priester, der einer Gutsbesitzerfamilie entstammte, ein Leben in Armut zu führen. Er reiste barfuß durchs Land und weigerte sich, in einem Bett zu schlafen, weil er im Ertragen jeder Unbequemlichkeit einen Anlass sah, Gott zu preisen.

Dominikus verzichtete auf alle materiellen Güter, denn für ihn war ein Menschenleben immer viel mehr wert als alles, was er besaß. Er verzichtete auf Rang und Namen, denn für ihn war es wichtiger, andere mit Liebe zu beschenken, als sich rühmen zu lassen. Aus seiner Demut heraus erkannte er, was das allerhöchste Gut war, und er handelte entsprechend.

Wer mit seiner Selbstlosigkeit zum Vorbild wird, der beweist, wie sehr er Menschen liebt. Selbstlosigkeit, das mag bedeuten, Geld, Karriere und das in unserer Kultur so knappe Gut – die Zeit – zu opfern. Wenn wir begreifen, dass alle Güter eine Leihgabe Gottes sind, dann fällt es uns auch gar nicht so schwer, sie hinzugeben, um anderen Gutes zu tun.

Gebet

Vater, hilf mir zu erkennen, dass es ein Liebesdienst am andern sein kann, auf bestimmte Bequemlichkeiten zu verzichten.

Er trat in den Hintergrund

Christus soll immer wichtiger werden und ich will immer mehr in den Hintergrund treten.
Johannes 3,30

Die Menschen in Amerika haben es schon häufig erlebt: Ein Fernsehprediger spricht Tausende von Menschen an, sie strömen zu seinen Veranstaltungen, und man hat den Eindruck, er sei der Anführer einer neuen Erweckungsbewegung. Aber wenn sich dann Woche für Woche die Säle füllen und die Einschaltquoten in die Höhe schnellen, passiert etwas mit diesem Mann. Er wird zum Egozentriker und Gott rückt immer stärker in den Hintergrund. Selbstverliebtheit und Sünde lauern ständig auf ein Opfer, und dann berichten die Medien, dass wieder ein Fernsehprediger abgestürzt ist.

So ist es Johannes dem Täufer glücklicherweise nicht ergangen. Auch er war ein Prediger, der vor 2000 Jahren die Popularität eines Rockstars von heute besaß.

Da konnte seine Erscheinung noch so wild sein (er trug ein Fell), seine Botschaft ein Ärgernis sein („Tut Buße!") und der Ort seiner Verkündigung noch so weit draußen liegen (in der Wüste) – die Menschen liebten und verehrten Johannes. „Viele Menschen aus der ganzen Provinz Judäa und aus Jerusalem kamen zu ihm" (Markus 1,5). Und viele fragten sich, ob er der Messias sei (siehe Lukas 3,15).

Aber Johannes ließ sich niemals von den Erwartungen der Menge zum Hochmut verleiten. Er wusste, dass die Aufgabe, die Gott ihm anvertraut hatte, darin bestand, auf Christus zu verweisen (siehe Markus 1,7). Er trat in den Hintergrund, damit Jesus verherrlicht werde und nicht er selber.

Gebet

Gib mir die Kraft, in den Hintergrund treten zu können, Herr, damit andere – und vor allem du – gesehen werden.

Nach Connecticut fahren

*Folgt meinem Beispiel, so wie ich dem Vorbild folge,
das Christus uns gegeben hat.*
1. Korinther 11,1

Ellen arbeitet als Bürokraft in einer Schule in North Carolina. Sie ist als fleißige Mitarbeiterin geschätzt und hat einen sehr guten Draht zu den Kindern. Was aber viele nicht wissen: Ellen geht jeden Dienstag ins Stadtgefängnis und bietet eine Bibelgesprächsrunde für weibliche Insassen an. Über die Jahre haben auf diese Weise zahlreiche Frauen Christi Liebe kennengelernt.

Als dann Ashley, eine der Frauen, in ein Gefängnis nach Connecticut verlegt werden sollte, war Ellen bereit, ihr auf jede erdenkliche Weise beizustehen. Sie hatte inzwischen auch Ellens Mutter kennengelernt, die in die Nähe ihrer Tochter gezogen war, nachdem ein Hurrikan ihr Haus in Florida zerstört hatte. Ellen wusste, wie sehr sich die Mutter nach ihrer nun in Connecticut einsitzenden Tochter sehnte. Und so chauffierte sie, sobald sie Urlaub bekam, die alte Frau nach Connecticut.

Es ist ein so deutliches Zeichen von Selbstlosigkeit, wenn jemand bereit ist, seine wenigen Urlaubstage daranzugeben, um einer alten Frau den persönlichen Kontakt zu ihrer Tochter zu ermöglichen. Ellen stellte ihre eigenen Bedürfnisse hintan, um einem anderen Menschen eine große Freude zu machen.

Wer Demut vorleben will, der muss auf Menschen zugehen und die helfende Hand reichen, so wie Christus es immer wieder getan hat. Dafür aber muss man ein offenes Ohr für die Nöte der Menschen haben und Gelegenheiten nutzen, ihnen praktisch zur Seite zu stehen.

Anstoß zum Handeln

Geben Sie diese Woche irgendetwas auf, was Sie sich vorgenommen hatten, um einem Menschen außerhalb der Familie einen Liebesdienst zu tun.

Nicht zu ignorieren

Kommt alle her zu mir, die ihr euch abmüht und unter eurer Last leidet! Ich werde euch Ruhe geben. Lasst euch von mir in den Dienst nehmen und lernt von mir! Ich meine es gut mit euch und sehe auf niemanden herab. Bei mir findet ihr Ruhe für euer Leben.
Matthäus 11,28-29

Friedrich Nietzsche (1844–1900) war davon überzeugt, dass der Sinn menschlicher Existenz darin besteht, sich als Individuum so kulturell weiterzuentwickeln, dass man sich eines Tages von der dumpfen Masse abhebt. Seine Philosophie vom „Übermenschen" steht der Vorstellung vom selbstlosen Gott direkt entgegen. Doch in seinen letzten Jahren unterschrieb Nietzsche seine Korrespondenz mit „Der Gekreuzigte" und brachte damit zum Ausdruck, dass er sein ganzes Leben lang darum gerungen hatte, einen Zugang zu diesem Christus der Bibel zu finden. Der Philosoph, der verkündet hatte, Gott sei tot, war dennoch nicht imstande, die Selbstlosigkeit Jesu zu ignorieren.

Gott wusste, dass sein bemerkenswerter Entschluss,

nicht als König oder Heerführer auf die Erde zu kommen, sondern als Säugling, ein Demutszeichen war, das mehr Aufmerksamkeit bekommen würde als jede Machtdemonstration.

Demut ist das Wesensmerkmal Gottes, mit dem er am eindrucksvollsten seine Liebe zeigt. Und so soll denn auch sein Wesen in seinen Kindern weiterwirken. Mindestens dreimal hat Jesus dieses göttliche Prinzip wiederholt: „Jeder, der sich selbst ehrt, wird gedemütigt werden; aber wer sich selbst erniedrigt, wird geehrt werden" (Lukas 14,44; 18,14 und auch Matthäus 23,12). Christi Worte fanden ihren konkreten Niederschlag in der Art, wie er lebte – so selbstlos und demütig, dass es schwerfällt, es zu ignorieren.

Gebet

Herr, ich möchte ein so dienendes Herz haben, dass ich damit Menschen verblüffe und auf dich aufmerksam mache.

Die Weisheit der Kinder

*Wenn ihr euch nicht ändert und so werdet wie die
Kinder, kommt ihr nie in Gottes neue Welt.
Wer aber so klein und demütig sein kann wie ein Kind,
der ist der Größte in Gottes neuer Welt.*
Matthäus 18,3-4

Auf die Buchautorin Kim Bolton wartete ein Vormittag mit viel Hausarbeit – Geschirr spülen, Wäsche waschen, staubsaugen und Fahrdienste. Als sie gerade einen Korb mit Wäsche in den Keller tragen wollte, hörte sie die piepsige Stimme ihres Zweijährigen aus dem Wohnzimmer: „Ma-ma, du dich hier hinsetzen ... neben mir."

Kim erklärte, dass sie so viel zu tun habe und sich nicht hinsetzen könne. „Nur 'n ganz bisschen", beharrte ihr Sohn und klopfte mit der flachen Hand auf den Platz neben sich.

Kim stellte den Korb ab und setzte sich.

„Schön, nich'?"

Anderthalb Minuten saßen Mutter und Sohn nebeneinander, dann tätschelte das Kind Kims Knie und meinte: „Kannst wieder gehen." So konnte die Mutter ohne schlechtes Gewissen ihre Hausarbeit fortsetzen.

Jesus sagt, dass wir nicht zu stolz sein dürfen, uns auf die Stufe kleiner Kinder zu stellen, wenn wir ins Reich Gottes gelangen wollen. Und wer wie ein Kind wird, der erlaubt sich die Unbekümmertheit, mitten in der Arbeit Zwischenmenschlichkeit zu pflegen, anstatt verbissen sein Arbeitspensum zu erfüllen. Entdecken wir diese Unbekümmertheit der Kinder für uns, so steigen wir vom Thron der eigenen Selbstüberschätzung und beugen uns vor Gott. Das ist Demut – die Erkenntnis also, dass es nicht immer nur auf unsere Leistung ankommt.

Anstoß zum Handeln

Fallen Ihnen Aufgaben und Pflichten ein, bei denen Sie das Gefühl haben, sie würden Ihnen über den Kopf wachsen? Was würde passieren, wenn Sie nach Jesu Gebot die Dinge einmal aus kindlicher Perspektive betrachten würden?

Ein extremer Lebensstil

Der Herr hat euch doch längst gesagt, was gut ist.
Er fordert von euch nur eines: Haltet euch an das Recht,
begegnet anderen mit Güte und lebt in
Ehrfurcht vor eurem Gott.
Micha 6,8

Als Erbe eines großen Molkereiimperiums war William Borden bereits Millionär, als er die Highschool abschloss. Während seines Studiums an der Yale-Universität engagierte er sich für den Sport, aber noch wichtiger war ihm seine evangelistische Arbeit unter den Studenten, und so gründete er ein Missionswerk auf dem Campus.

Als Borden 1909 sein Studium abschloss, entschied er sich trotz aller Warnungen, Missionar in China zu werden. Die Freunde hielten ihm vor, er vergeude sein Leben. Zunächst versuchte er, Gleichgesinnte zu finden, und dazu reiste er von Universität zu Universität und besuchte theologische Akademien. Nebenher betreute er noch sein evangelistisches Studentenwerk und unterstützte diese Arbeit großzügig mit finanziellen Mitteln.

Borden starb mit 25 während eines Seminars in Ägypten, aber die Arbeit, die er angestoßen hatte, ging weiter. Charles Erdmann, Professor an der Princeton-Universität, sagte über Borden: „Ohne Christus wäre ein solches Leben nicht vorstellbar gewesen."

Selbstlosigkeit macht aus rein menschlicher Sicht keinen rechten Sinn. Wer ein privilegiertes Leben aufgibt, um anderen Menschen zu dienen, der ist ein Radikaler – ein Kämpfer gegen die bestehende Ordnung. Und ohne die von Gott vorgelebte Demut wäre ein solcher Lebensstil nicht erklärbar.

Gebet

Vater, ich möchte mein Leben so führen,
dass es ohne dich nicht erklärbar wäre.

Die schlimmste Art des Stolzes

*Dabei ist mir klar, dass ich dies alles noch lange nicht
erreicht habe, dass ich noch nicht am Ziel bin.
Doch ich setze alles daran, das Ziel zu erreichen, damit
der Siegespreis einmal mir gehört, wie ich jetzt schon zu
Jesus Christus gehöre ...
Ich will alles vergessen, was hinter mir liegt, und schaue
nur noch auf das Ziel vor mir. Mit aller Kraft laufe ich
darauf zu, um den Siegespreis zu gewinnen,
das Leben in Gottes Herrlichkeit. Denn dazu hat uns
Gott durch Jesus Christus berufen.*
Philipper 3,12-14

„Ich wollte mich auf keinen Fall an die Arbeit machen, obwohl ich überzeugt war, dass Gott sie mir aufgetragen hatte", erzählte neulich eine Bekannte. „Ich war dafür nicht ausgebildet, und ich hatte Angst, mich zu blamieren. Aber dann hat ein Freund zu mir gesagt: ‚Gott beruft nicht immer die Ausgebildeten, aber er bildet die Berufenen aus.' Also machte ich mich an die Arbeit, und Gott tat, was noch nötig war." In dem Moment, als diese Frau Gott zutraute, für ein gutes Ergebnis zu sorgen, wurde sie frei und konnte anderen dienen.

Wenn Sie sich unfähig oder unwürdig fühlen, für Gott eine Aufgabe zu übernehmen, dann sollten Sie sich fragen, ob es nicht Ihr Perfektionismus ist, der Ihnen im Wege steht. Der Buchautor Warren Wiersbe schrieb zu diesem Thema: „Sich nicht zuzutrauen, Gottes Arbeit zu tun, ist keineswegs Demut, sondern die schlimmste Art des Stolzes." Wollen Sie immer nur warten, bis Sie gewandter, klüger oder noch besser ausgebildet sind, dann verlassen Sie sich vermutlich mehr auf ihre eigene Stärke als auf Gott.

Paulus war sich vollkommen im Klaren darüber, dass die Christusnachfolge keine leichte Aufgabe sein würde. Und so schrieb er: „Dabei ist mir klar, dass ich dies alles noch lange nicht erreicht habe ... Doch ich setze alles daran, das Ziel zu erreichen, damit der Siegespreis einmal mir gehört, wie ich jetzt schon zu Jesus Christus gehöre" (Philipper 3,12). Wenn es Ihr größter Wunsch ist, andere so zu lieben, wie Christus es getan hat, dann seien Sie demütig genug, auch Fehler zu riskieren.

Wort zum Nachdenken

Denken Sie einmal darüber nach, ob Sie sich zu etwas berufen fühlen und dennoch zögern, es in Angriff zu nehmen. Fragen Sie Gott im Gebet, aus welchem Motiv Sie wirklich warten wollen und ob Sie vielleicht nur vor der Aufgabe zurückschrecken, weil Sie Angst vor dem Versagen haben.

Dienende Leiterschaft

*[Jesus] goss Wasser in eine Schüssel und begann,
seinen Jüngern die Füße zu waschen und mit
dem Tuch abzutrocknen.*
Johannes 13,5

Ich kannte einmal einen Pastor, der in seinem Gemeindebund sehr beliebt und angesehen war. Er arbeitete in den verschiedensten Gremien mit und war häufig zu Kongressen eingeladen, um zu den Teilnehmern zu sprechen. Ich beobachtete ihn eine Weile ganz genau, weil er mich interessierte. Eins fiel mir dabei auf: Obwohl er so beliebt war, entdeckte ich keine Spur von Stolz an ihm. Er bemühte sich lediglich darum, sein Bestes zu tun, wenn man ihn um Hilfe bat.

Als dieser Pastor eines Tages gefragt wurde, ob er auf einer großen Versammlung sprechen könne, schlug er vor, dass einer seiner jungen Zweitpastoren den Vortrag halten sollte. Es sei doch wichtig, auch einmal zu hören, was die jungen Leute zu sagen hätten. Ich kenne mich nach so vielen Jahren im geistlichen Dienst mit Pastoren aus. Aber Sie können mir glauben, eine solche Einstellung ist nicht verbreitet bei einem Pastor auf dem Höhepunkt seiner Laufbahn. Was ich da erlebte, war echte Demut. Er war bereit, sich selber zurückzunehmen, um einem anderen den Vortritt zu lassen.

Wer mit Demut eine Leitungsfunktion ausübt, den kümmert nicht sein Rang, sondern er hat Freude daran, wenn auch die Jüngeren ihren Platz im Reich Gottes finden. Wenn die, die vorangehen, den Weg der Demut beschreiten, stehen die Chancen gut, dass andere ihnen folgen. Wie schon Jesus lehrte: Wahrhafte Größe beweisen die, die anderen dienen.

Anstoß zum Handeln

Fällt Ihnen jemand ein, der eine Leitungsfunktion mit noch mehr Verantwortung übernehmen könnte, wenn Sie sich nur für ihn einsetzen würden? Fragen Sie Gott, wie Sie den Betreffenden fördern könnten.

Brot des Friedens

Glücklich sind, die Frieden stiften, denn Gott wird sie seine Kinder nennen. Glücklich sind, die verfolgt werden, weil sie nach Gottes Willen leben. Denn ihnen gehört Gottes neue Welt.
Matthäus 5,9-10

Es war das Jahr 1938 in Russland. 250 Männer drängten sich in einer Gefangenenbaracke. David Braun, einer der Insassen, bemerkte, dass ein orthodoxer Priester unter ihnen war. Aber das war auch anderen nicht verborgen geblieben. Besonders zwei Männer taten sich hervor und verspotteten den so friedfertig wirkenden Priester. Und obwohl die Männer sich darüber lustig machten, was ihm heilig war, blieb er gelassen und freundlich.

Eines Tages erhielt David ein Paket von seiner Frau, in dem auch ein Brot war. Er gab dem Priester etwas davon ab. Aber anstatt es selber zu essen, brach dieser es und gab den beiden Spöttern je eine Hälfte. Danach hörte David kein einziges verächtliches Wort mehr in der Baracke. Der Priester starb zwar kurz darauf, aber seine Selbstlosigkeit hatte Eindruck gemacht und so manchen Insassen verändert.

Einem demütigen Menschen können Verunglimpfungen und Spott nichts anhaben. Das heißt natürlich nicht, dass Hohn nicht auch verletzt. Gerade, wenn wir uns besonders viel Mühe gegeben haben, fällt es schwer, Spott mit Gleichmut zu beantworten. Aber dann sind wir gefordert und wir müssen uns ganz besonders auf Gottes Beistand verlassen. Er weiß aus Erfahrung, wie riskant es sein kann, seine Liebe zu verschenken – aber auch so unendlich befriedigend.

Wort zum Nachdenken

Überlegen Sie, wann die Meinung anderer Sie davon abgehalten hat, zu Menschen freundlich zu sein, die es vielleicht nicht verdient haben. Bitten Sie Gott um die Gelassenheit, unabhängig von allen Lebensumständen selbstlos handeln zu können.

Kleingeld in der Tasche

Achtet alle Menschen.
1. Petrus 2,17

Robert Goodwin, Vorsitzender der *Points of Light Foundation*, erzählte von einem Obdachlosen, dem er wieder einmal im Winter auf seinem Weg zur Arbeit begegnet war. Goodwin kannte den Mann und hatte ihm schon viele Male Geld zugesteckt. Als er an jenem Morgen vorbeikam, hatte er kein Kleingeld in der Tasche, aber anstatt einfach weiterzugehen, sagte Goodwin zu dem Mann: „Tut mir leid, Bruder, aber ich habe heute nichts dabei, was ich dir geben könnte."

Darauf erwiderte der Obdachlose: „Aber das haben Sie doch schon. Sie haben mich Bruder genannt."

Goodwin war sich natürlich bewusst, dass sein Platz in der Gesellschaft „geschätzter" war als der dieses Obdachlosen. Er aber fühlte sich einer anderen Wertordnung verpflichtet, nach der jeder Mensch gleich vor Gott ist. Er handelte nach der Überzeugung, dass die Bedürfnisse eines anderen den gleichen Stellenwert haben wie die eigenen. Indem er anhielt, um diesen Mann seinen Bruder zu nennen, verschenkte Goodwin etwas von seiner Zeit. Aber was noch entscheidender war: Er verzichtete auf den höheren Rang, den ihm die Gesellschaft zumaß, und machte sich damit freiwillig klein. Solche Demut entspringt dem befriedeten Herzen eines Menschen, der es sich leisten kann, jeden Menschen wertzuschätzen.

Gebet

Egal, wem ich heute begegne, Herr, hilf mir, ihn oder sie mit deinen Augen zu sehen.

7. Großzügigkeit

Mit Gott zusammenarbeiten

*Er wird euch dafür alles schenken, was ihr braucht,
ja mehr als das. So werdet ihr nicht nur selbst genug
haben, sondern auch noch anderen von eurem
Überfluss weitergeben können.*
2. Korinther 9,8

Der große Missionar und Afrikaforscher David Livingstone schrieb einmal: „Nichts von dem, was ich habe oder besitze, will ich wertschätzen, es sei denn, es hat mit dem Himmelreich Christi zu tun. Wenn irgendetwas diesem Himmelreich zugutekommt, indem ich es hingebe oder behalte, so werde ich hingeben oder behalten, um die Herrlichkeit desjenigen herauszustellen, dem ich all mein Hoffen in Zeit und Ewigkeit verdanke." Livingstone war davon überzeugt, dass alles, was wir haben, eine Gabe Gottes ist. Indem wir Zeit, Kraft, Können und Geld hingeben, sind wir Mitarbeiter Gottes, die ihren Teil dazu beitragen, das Himmelreich zu errichten. Wenn uns aber die Umstände über den Kopf wachsen, sodass unser Dienst für den Herrn mühselig wird, dann ist dies ein untrügliches Zeichen. Offenbar vertrauen wir zu sehr auf unsere eigenen Kraftreserven und verlassen uns zu wenig auf Gott. Wir beklagen dann, dass wir ihm zu gern dienen und in sein Reich investieren würden, wenn wir doch nur mehr Zeit und Geld hätten.

Gott kennt die Anforderungen, die das Leben an uns stellt, und auch unsere Möglichkeiten. Aber in diese Umstände hinein spricht er: *Ich liebe dich so sehr, dass ich mich danach sehne, mit dir zusammenzuarbeiten.* Was wir letztlich geben, hängt nicht davon ab, *wie viel* wir haben, sondern *wozu* uns die Liebe zu Gott motiviert.

Gebet

Vater, ich möchte mit allem, was ich durch dich bin und habe, dein Mitarbeiter werden. Danke, dass du durchaus mit meinen eingeschränkten Möglichkeiten etwas anfangen kannst, um dein Reich zu bauen.

Ein Prozent mehr

So soll jeder für sich selbst entscheiden, wie viel er geben will, und zwar freiwillig und nicht aus Pflichtgefühl. Denn Gott liebt den, der fröhlich gibt.
2. Korinther 9,7

Kürzlich führte mir ein Gespräch mit einem Freund wieder einmal vor Augen, wie viel Spaß das Geben machen kann. „Als meine Frau und ich heirateten", erzählte er, „haben wir uns entschieden, zehn Prozent unseres Einkommens in die Arbeit des Herrn zu geben. Zum Ende unseres ersten Ehejahres hatte ich mir ein kleines Unternehmen aufgebaut und Gott hatte uns mächtig gesegnet. Da sagte ich zu meiner Frau: ‚Wir haben so viel von Gott geschenkt bekommen, und ich denke, wir sollten etwas mehr davon abgeben. Bist du einverstanden, wenn wir nächstes Jahr elf Prozent unseres Einkommens abzweigen?' Meine Frau stimmte zu.

Am Ende des folgenden Jahres hatte Gott unser Geschäft noch mehr gesegnet, und ich fragte meine Frau, ob wir nicht im nächsten Jahr zwölf Prozent geben sollten. Auch damit war sie einverstanden. Und so kam es, dass wir uns immer wieder nach einem Jahr entschlossen, ein Prozent mehr zu geben, und trotzdem blieb für uns immer mehr übrig als im Jahr zuvor."

„Wie lange bist du inzwischen verheiratet?", erkundigte ich mich.

Er lächelte und antwortete: „49 Jahre." Ich brauchte nicht lange, um auszurechnen, dass die beiden inzwischen 59 Prozent ihres Einkommens für die Sache Christi abgaben. Und wenn ich heute an das fröhliche Gesicht meines Freundes denke, dann wird mir wieder einmal so recht bewusst, dass großzügiges Geben eine Möglichkeit ist, unsere Liebe zu Gott zum Ausdruck zu bringen.

Anstoß zum Handeln

Überdenken Sie Ihre Zuwendungen an die Gemeinde. Ist nicht vielleicht doch ein bisschen mehr drin?

Gebetsliste

[Hanna war] seit langer Zeit Witwe und nun eine alte Frau von vierundachtzig Jahren. Hanna verließ den Tempel nur noch selten. Um Gott zu dienen, betete und fastete sie Tag und Nacht.
Lukas 2,37

Ich besuchte neulich eine unserer betagten Damen aus der Gemeinde, und dabei erzählte sie unter anderem: „In meinem fortgeschrittenen Alter kann ich körperlich nicht mehr viel tun, um anderen zu helfen. Und deshalb hat Gott mir den Gebetsdienst anvertraut. Zwei Stunden am Tag verbringe ich damit, für andere zu beten."

In der Zeit zwischen 8 und 11 Uhr betet die Frau immer zur vollen Stunde etwa 15 Minuten und dann noch einmal zwischen 13 und 16 Uhr. Sie zeigte mir auch ihr Notizbuch, in das sie die Namen der Menschen eintrug, für die sie betete. Dazu gehörten nahe und ferne Verwandte, viele Geschwister aus der Gemeinde, Missionare, Nachbarn und ehemalige Kollegen. Jeder wurde dort aufgenommen, der telefonisch ein Gebetsanliegen nannte.

In ihrem Alter ist das Gebet die geeignete Ausdrucksform der alten Dame, durch die sie andere mit ihrer Liebe beschenken kann. Und wie bewundernswert ist dieser Beitrag, den sie für das Reich Gottes leistet!

Bevor ich mich von ihr verabschiedete, bat ich sie noch schnell, auch meinen Namen in ihr Notizbuch einzutragen.

Gebet

Vater, wenn ich wieder einmal glaube, dir und anderen nichts bieten zu können, dann überzeuge mich vom Gegenteil!

Gute Gaben

*Alles, was Gott uns gibt, ist gut und vollkommen.
Er, der Vater des Lichts, ändert sich nicht;
niemals wechseln bei ihm Licht und Finsternis.*
Jakobus 1,17

Es hat mich schon immer erstaunt, dass der ewige Gott uns anbietet, ihn ganz persönlich anzusprechen und gute Gaben von ihm zu erbitten. Aber genau das hat Jesus uns gelehrt. Wissend, dass es Gott große Freude macht, seinen Kindern Gutes zukommen zu lassen, hat Jesus seine Freunde ermuntert, darum zu bitten. „Würde jemand von euch seinem Kind einen Stein geben, wenn es um ein Stück Brot bittet? Oder eine giftige Schlange, wenn es um einen Fisch bittet? Wenn schon ihr hartherzigen Menschen euren Kindern Gutes gebt, wie viel mehr wird euer Vater im Himmel denen Gutes schenken, die ihn darum bitten" (Matthäus 7,9-11).

Im Laufe der Menschheitsgeschichte hat sich Gott immer wieder als der großzügig Schenkende gezeigt. Und seine guten Gaben sind kein Lohn für Leistung. Sie sind vielmehr Ausdruck seiner großen Liebe, die uns ohne Vorbedingungen zufließt.

Wenn wir Gottes Beispiel folgen, so sind auch unsere Geschenke unabhängig von Vorleistungen. Und wenn wir jemand beschenken, spiegeln wir damit die Liebe des himmlischen Vaters wider, dem es eine Freude ist, die zu beschenken, die ihm ans Herz gewachsen sind.

Wort zum Nachdenken

Welche gute Gabe könnten Sie heute einem Menschen zukommen lassen, der es bitter nötig hat, eine Freude zu erleben?

Verschenktes Leben

*Niemand liebt mehr als einer,
der sein Leben für die Freunde hingibt.*
Johannes 15,13

Am 16. April 2007 wütete ein Amokläufer in einer Technischen Hochschule in Virginia. Die Studenten von Professor Liviu Librescu hörten die Schüsse und Schreie im benachbarten Seminarraum. Darauf sorgte Librescu, ein siebenundsiebzigjähriger Überlebender des Holocaust, dafür, dass seine Studenten durchs Fenster flohen, während er selber sich gegen die Tür stemmte, durch die der Amokläufer einzudringen versuchte. Und während die Studenten draußen die Flucht ergriffen, traf den Professor eine tödliche Kugel durch die Tür.

Jesus lehrte, dass es die höchste Form des Großmuts sei, sein eigenes Leben für einen andern zu opfern, und er gab uns ein Beispiel, indem er sein Leben ließ, um uns zu retten. Wenn wir diesem Vorbild nacheifern wollen, werden auch wir unser Leben für einen anderen opfern – vielleicht nicht unser biologisches Leben, womöglich aber unsere Lebensplanung, die wir aufgeben, um einem anderen unsere Liebe zu zeigen. Vielleicht opfern wir auch etwas Wertvolles, ohne das wir uns unser Leben zunächst nicht vorstellen können.

Wenn wir nun wissen, wie sehr wir nach Gottes Wunsch andere lieben sollen, sind wir vielleicht eher bereit, unser Leben als ein Liebesopfer hinzugeben.

Gebet

Herr, ich möchte bereit sein, sogar mein eigenes Leben für andere hinzugeben. Steh mir bei, meinen guten Willen notfalls in die Tat umzusetzen.

Ein herrliches Land

*Gebt, was ihr habt, dann werdet ihr so reich beschenkt
werden, dass ihr gar nicht alles aufnehmen könnt.
Mit dem Maßstab, den ihr an andere legt,
wird man auch euch messen.*
Lukas 6,38

In seinem Buch *Die Pilgerreise* schreibt John Bunyan (1628–1688): „Es gab einmal einen Mann, den hielt zwar so mancher für töricht, aber je mehr er verschenkte, desto mehr besaß er." Wenn wir das Geben lernen, bekommen wir mehr als genug von unserem Gott zurückerstattet.

Davon redete Gott damals zu Israel: „Bringt den zehnten Teil eurer Ernte in vollem Umfang zu meinem Tempel, damit in den Vorratsräumen kein Mangel herrscht. Stellt mich doch auf die Probe und seht, ob ich meine Zusage halte. Denn ich verspreche euch, dass ich dann die Schleusen des Himmels wieder öffne und euch mit allem überreich beschenke ... Dann werden alle Völker euch glücklich preisen, weil ihr in einem so herrlichen Land lebt! Darauf gebe ich, der Herr, der allmächtige Gott, mein Wort" (Maleachi 3, 10 u. 12).

Freigebigkeit entspringt nicht dem Wunsch, am Ende belohnt zu werden, sondern dem Bedürfnis, anderen seine Liebe zu erweisen. Es ist gewissermaßen ein geistliches Paradox, dass wir mit immer noch mehr Segnungen von Gott rechnen können, wenn wir von dem, was uns geschenkt wird, wieder abgeben. Gleichzeitig führen wir anderen vor Augen, dass es das versprochene „herrliche Land" wirklich gibt, das wir finden werden, wenn wir die Wege Gottes gehen (Vers 12).

Gebet

Herr, ich möchte nicht horten, was du mir geschenkt hast. Es sollen doch Menschen dich lieben lernen, weil sie mich beobachten, wie ich großzügig verteile, was du mir hast zukommen lassen.

Zum Opfer bereit

Nun will ich euch berichten, was Gott in seiner Güte in den Gemeinden der Provinz Mazedonien bewirkt hat. Die Christen dort haben wegen ihres Glaubens viele Schwierigkeiten standhaft ertragen. Und doch waren sie voller Freude und haben trotz ihrer großen Armut reichlich für andere gegeben. Ich kann bezeugen, dass sie von sich aus gaben, was sie nur konnten, und sogar mehr als das.
2. Korinther 8,1-3

Zu jedem Weihnachtsfest sammeln wir in der Gemeinde, die ich betreue, ein besonderes Opfer ein, das für die Überseemission gedacht ist. Vor ein paar Jahren fragte ich die Gemeinde im Januar, ob nicht der eine oder andere jeden Monat 20 Dollar pro Woche über den Zehnten hinaus zurücklegen könnte, denn so kämen am Ende des Jahres 1000 Dollar zusammen, die die Betreffenden ins Missionsopfer geben könnten.

Es waren nicht wenige, die sich auf diese Herausforderung einließen. Und ein junges Paar sprach mich ein Jahr später darauf an: „Wir waren gerade ein halbes Jahr verheiratet, als du mit deiner Herausforderung kamst.

Aber wir haben eisern jede Woche 20 Dollar eingespart und beiseitegelegt. So manches Mal waren wir versucht, in unsere Missionskasse zu greifen, aber wir haben durchgehalten. Und jetzt sind wir ganz stolz, dir die 1000 Dollar geben zu können." Sie überreichten mir einen Briefumschlag mit fünfzig 20-Dollar-Noten.

Finanzexperten raten, immer etwas mehr Geld für die Altersvorsorge zurückzulegen, als man glaubt, sich leisten zu können. Das Gleiche gilt für die Spende – natürlich mit anderer Zielsetzung. Die Spendenhöhe muss allerdings immer Ihren Lebensumständen angepasst sein. Wer zum Beispiel Sozialhilfe empfängt, muss sich nicht schämen, wenn er hochgesteckte Spendenziele der Gemeinde nicht erfüllt. Aber die eine oder andere Ausgabe kann man vielleicht auch einsparen, wenn es finanziell eng ist, und dann spendet man dem Geber aller guten Gaben, was man freudig entbehren kann.

Wort zum Nachdenken

Wann haben Sie zum letzten Mal ein Opfer gebracht, um einem anderen etwas zu schenken? Welches Opfer könnten Sie heute bringen?

Eine Gemeinde, die sich kümmert

Deshalb, meine Kinder, lasst uns einander lieben: nicht mit leeren Worten, sondern mit tatkräftiger Liebe und in aller Aufrichtigkeit.
1. Johannes 3,18

Wenn Freigebigkeit zum Lebensstil in einer Gemeinde wird, was kann dann nicht alles geschehen! Witwen, alleinerziehende Mütter oder Väter, Scheidungskinder und Menschen, die ihre Arbeit verloren haben, profitieren von der tätigen Liebe, weil sie umsorgt sind. Der Aufbau einer Seelsorgearbeit heilt Menschen mit gebrochenem Herzen. Jedes Mitglied der Gemeinde ist in die Arbeit eingebunden und fühlt sich geachtet für seinen Beitrag. Und Wertschätzung macht Mut, seine Begabungen noch intensiver einzubringen.

Vor ein paar Jahren überlegten wir uns in meiner Gemeinde, wodurch wir den Menschen in der Stadt noch deutlicher zeigen könnten, wie viel Liebe wir für sie übrig haben. Und so kamen wir auf den Gedanken, Kinder aus sozial schwachen Familien in der schulfreien Zeit – am Wochenende oder nach der Schule – mit gesunden Lunchpaketen zu versorgen. Oder wir sammelten zum Schulanfang, um bedürftigen Familien Ranzen und den üblichen Unterrichtsbedarf zu schenken. Und andere aus der Gemeinde besuchten Gefängnisinsassen und ihre Familien.

In einer Gemeinde, die ich in Arkansas besuchte, hatten Mitglieder in Eigeninitiative eine Art Jobcenter organisiert, um Arbeitssuchenden Hilfestellung bei der Berufsfindung anzubieten und sie für die Arbeitssuche fit zu machen – wie man einen Lebenslauf verfasst, ein Bewerbungsgespräch richtig führt, seine Karriere plant, die Finanzen regelt, auf Stellenanzeigen reagiert oder Barrieren überwindet, die bei der Arbeitssuche im Weg stehen.

Man kam dort noch auf viele weitere kreative Ideen und veranstaltete zum Beispiel ein Grillfest für Bewohner von Häuserblocks, in denen kaum noch einer den anderen kennt, organisierte eine Suppenküche für Kinder und half Senioren im Haushalt.

Wenn sich eine Gemeinde entschließt, Liebe großzügig auszuteilen, dann gibt es keinen Mangel an Gelegenheiten.

Gebet

Herr, hilf mir, Ideen zu entwickeln, dass meine Gemeinde noch mehr für ihre Großzügigkeit bekannt wird.

Spendenaufruf für Hungerkatastrophe

*Ihr werdet alles so reichlich haben, dass ihr unbesorgt
weitergeben könnt. Wenn wir dann eure Gabe
überbringen, werden viele Menschen Gott dafür danken.*
2. Korinther 9,11

Eine Serie von ungewöhnlich trockenen Jahren treibt ein ohnehin schon regenarmes Land an den Rand einer Hungerkatastrophe. Die knochentrockenen Äcker liegen rissig und zerfurcht unter der sengenden Hitze der Sonne, und die Menschen sitzen verzweifelt mit gesenkten Köpfen vor ihren Häusern, weil sie ihre Familien nicht mehr ernähren können, während unterernährte Kinder auf spindeldürren Beinen umherlaufen. Da ergeht ein Hilferuf an die Gemeinden, um Finanzhilfe zu leisten.

So etwas könnte sich heute in vielen Ländern ereignen. Ich aber denke gerade an die Hungerkatastrophe, zu der es etwa 45 n. Chr. in Israel kam. Als Paulus und Barnabas 46 n. Chr. ihre erste Reise nach Jerusalem unternahmen, um sich des Problems anzunehmen, hoffte die dortige Gemeinde, dass die zum Glauben gekommenen Heidenvölker mit ihren Spenden nicht aufhören würden (siehe Apostelgeschichte 11,29-30). Darauf verbreitete Paulus einen Spendenaufruf und bat namentlich die Gemeinde in Korinth, Geld für die Hungernden zu sammeln (siehe 1. Korinther 16,1-4). In seinem zweiten Brief an die Gemeinde mahnte er an, man möge nun endlich der Bitte um Spenden vollständig nachkommen (2. Korinther 8-9). Paulus lehrte die Christen, regelmäßig, angemessen und freudig zu spenden. Im Jahr 57 n. Chr. war die Sammlung abgeschlossen und Paulus überbrachte die Spende mit einer Delegation aus den beteiligten Gemeinden.

Jedes Mal, wenn wir also unser Geld geben, um anderen zu helfen, stehen wir in der Tradition der ersten Christen, die durch Großzügigkeit Gottes Liebe an andere weiterschenkten.

Gebet

Vater, wenn mich eine Bitte um finanzielle Hilfe erreicht, dann zeig mir, wie viel ich geben soll.

Rohdiamanten

Seht doch, wie groß die Liebe ist, die der Vater uns schenkt! Denn wir dürfen uns nicht nur seine Kinder nennen, sondern wir sind es wirklich.
1. Johannes 3,1

Janet hatte lange Zeit die Mädchen in der Sonntagsschule ihrer Gemeinde betreut. Vor acht Jahren wurde ihr bewusst, dass diese Mädchen eigentlich mehr brauchten, als ihnen in der einen Stunde am Sonntagvormittag vermittelt werden konnte, und so lud sie die Kinder am Samstag zu sich nach Hause ein. Sie aßen zusammen, studierten die Bibel, und Janet brachte den Mädchen bei, was sie fürs Leben brauchten.

„Darunter sind oft Kinder von alleinerziehenden Müttern oder Vätern. Sie leben teilweise bei Pflegeeltern und hin und wieder habe ich auch missbrauchte Kinder in der Gruppe. Wir bringen ihnen bei, wie man sich bei Tisch benimmt und wie man höflich telefoniert. Wir sprechen über Körperpflege und darüber, wie man konzentriert arbeitet und lernt." Hin und wieder kommen auch die Eltern und dann spricht Janet über Missbrauch im Elternhaus oder über Essstörungen. „Wir bewirken etwas im Leben dieser Mädchen", sagte Janet zum Schluss.

Diese Frau tritt in die Fußstapfen Jesu, der wie sie mit den Menschen Gemeinschaft pflegte, mit ihnen aß, wanderte und lange Gespräche führte. Auch Paulus ist ihr ein Vorbild, der viel Zeit in seinen jungen Freund Timotheus investierte (siehe 2. Timotheus 2,2). Seit 2000 Jahren erfahren Menschen die Liebe Christi, weil andere ihnen Stunden oder Tage schenken.

Es ist der Geist der Uneigennützigkeit, der Janet die Freiheit schenkt, sich um diejenigen zu kümmern, die sie *Rohdiamanten* nennt. Gerade am Samstagvormittag könnte sie so manches andere erledigen, aber sie weiß, dass sie ihren Mädchen viel zu wenig mit auf den Lebensweg geben könnte, wenn sie nicht ausreichend Zeit mit ihnen verbringen würde.

Gebet

Herr, ich weiß, dass ich oft zu geizig mit meiner Zeit bin. Zeige mir deshalb, wie ich entspannter damit umgehen kann, sodass ich frei werde, sie anderen zu schenken.

Einen Coup landen für Gott

*Wie auch immer sich die Gaben des Geistes
bei jedem Einzelnen von euch zeigen,
sie sollen der ganzen Gemeinde nützen.*
1. Korinther 12,7

Eine Gaunerkomödie läuft meistens so ab, dass sich ein Team von Spezialisten zusammentut, um irgendeinen Coup zu landen – einen Banküberfall oder einen Diamantenraub. Ein solches Team besteht dann üblicherweise aus einem Strategen, einem Insider, der sich im Objekt auskennt, einem Sprengstoffexperten, einem Tüftler und einem Fahrer für das Fluchtauto.

Auch wir in der Gemeinde sind solch ein zusammengewürfeltes Team. Doch der Coup, den wir landen wollen, sieht etwas anders aus: Wir wollen Menschen lieben. Der Heilige Geist verteilt seine Gaben unter denen, die Jesus nachfolgen, sodass in der Gemeinde alle möglichen Talente, Gaben und Funktionen vertreten sind – Apostel, Propheten, Lehrer, Evangelisten und viele andere. Wirken alle diese Begabungen unter der Leitung des Heiligen Geistes zusammen, so wird Gottes Liebe wirkungsvoll in die Welt hinausgetragen.

Sehen wir uns eine Gaunerkomödie im Kino an, können wir ganz schnell sagen, durch wessen Abwesenheit im Team der Coup so oder so misslingen würde. Doch in der Gemeinde vergessen wir manchmal, wie unverzichtbar der Beitrag des Einzelnen für das Reich Gottes ist. Tatsächlich leidet das Ganze darunter, wenn Sie und ich es versäumen, unsere Gaben einzubringen. Gott gibt uns diese Gaben zum Nutzen der Allgemeinheit. Und zu den größten Freuden des Christenlebens gehört es, diese Begabungen großzügig zur Verfügung zu stellen – um dann zu erleben, wie Gott unseren Beitrag zum Nutzen anderer verwendet.

Wort zum Nachdenken

Kennen Sie Ihre geistlichen Gaben? Und wo könnten sie für die Arbeit der Gemeinde einsetzbar sein?

Auf Schusters Rappen Großzügigkeit gelernt

„Eins ist sicher", meinte Jesus, „diese arme Witwe hat mehr gegeben als alle anderen. Die Reichen haben nur etwas von ihrem Überfluss gegeben; aber diese Frau ist arm und gab alles, was sie hatte – sogar das, was sie dringend zum Leben gebraucht hätte."
Lukas 21,3-4

Buchautor Sebastian Junger trampte durch Wyoming, als ihm ein Landstreicher begegnete. Der hielt ihm seine Brotdose entgegen und fragte, ob denn der junge Wanderer etwas zu essen habe. „Allem Anschein nach hatte der Mann bestimmt nichts dabei", erinnerte sich Junger. „Hätte ich zugegeben, etwas zu haben, wer weiß, was er mir abgeluchst hätte. Noch nach zwanzig Jahren weiß ich, was ich damals geantwortet habe: ein bisschen Käse. ‚Sie schaffen es bestimmt nicht mit ein bisschen Käse nach Kalifornien', sagte der Mann. ‚Sie werden verhungern.'"

Allmählich dämmerte es Junger: Dieser Mann bot *ihm* etwas zu essen an! Und obwohl er protestierte, drängte ihm der Landstreicher ein Sandwich, einen Apfel und eine Tüte Chips auf.

„Ich habe ja viel auf dem College gelernt. Aber erst dort draußen am Straßenrand bei Frost und Kälte erfuhr ich von einem Mann ohne Obdach, was Selbstlosigkeit ist."

Wissen wir immer vorher, von wem wir Großzügigkeit erwarten können? Deshalb sollten wir auch nicht überrascht sein, ihr an ungewöhnlichen Orten zu begegnen. Gott hält oft gute Gaben für Sie bereit, wenn Sie es am wenigsten erwarten.

Gebet

Lieber Gott, vergib mir, wenn ich die Großzügigkeit eines Menschen nicht geschätzt habe, nur weil sie aus unerwarteter Richtung kam.

8. Aufrichtigkeit

Leben in der wirklichen Welt

*Ihr sollt euer altes Leben wie alte Kleider ablegen.
Folgt nicht mehr euren Leidenschaften, die euch in die
Irre führen und euch zerstören. Gottes Geist will euch
durch und durch erneuern. Zieht das neue Leben an,
wie ihr neue Kleider anzieht. Ihr seid neue Menschen
geworden, die Gott selbst nach seinem Bild geschaffen
hat. Ihr gehört zu Gott und lebt so, wie es ihm gefällt.
Belügt einander also nicht länger,
sondern sagt die Wahrheit.*
Epheser 4,22-25

Als junger Mann wollte Daniel Taylor vom Leiter eines christlichen Ferienlagers wissen, was in einer bestimmten Frage der Moral richtig oder falsch sei. Aber anstatt ihm für diesen speziellen Fall eine konkrete Antwort zu geben, sagte der Leiter: „Du musst dich ein für alle Mal entscheiden, in welcher Welt mit ihren Werte und Normen du leben willst."

Diese Antwort machte den jungen Mann sehr nachdenklich. Und heute, da er selber Kinder hat, fragt er auch sie: „Welche Werte und Normen sollen für euer Leben generell gelten? Wollt ihr ständig schwanken, euch nach Belieben herausreden und euer Fähnchen nach dem Wind drehen?"

Unaufrichtigkeit ist eine der subtilsten Formen der Lieblosigkeit. Bedienen wir uns nicht manchmal einer Notlüge, um uns aus einer Zwickmühle zu befreien? Viele von uns taktieren Tag für Tag, anstatt aufzustehen und die ganze Wahrheit zu sagen.

Taylor jedenfalls kommt zu dem Schluss: „Die wahre Welt ist Gottes Welt und nicht etwa diese armselige, pervertierte Imitation, mit der sich die meisten Menschen zufriedengeben. Um bereits so weit wie möglich in dieser wahren Welt Gottes zu leben, müssen wir uns entscheiden, welche Grundwerte uns prinzipiell wichtig sind."

Jedes Mal, wenn wir die Wahrheit sagen, obgleich es bequemer wäre zu lügen, nimmt Christus etwas mehr Raum in uns ein. Wir zeigen dadurch, dass wir uns von den Zwängen der Gesellschaft unabhängig machen und eine Wahl treffen, die viel größeres Glück verheißt als alles, was eine trügerische Welt uns bieten könnte.

Wort zum Nachdenken

Für welche Werteordnung haben Sie sich entschieden, nach der Sie leben wollen?

Ein Meisterwerk schaffen

*Wer aber die Wahrheit Gottes liebt und das tut,
was er will, der tritt ins Licht! An ihm zeigt sich:
Gott selber bestimmt sein Handeln.*
Johannes 3,21

Manche Experten schätzen, dass etwa die Hälfte der auf dem Kunstmarkt gehandelten Werke Fälschungen sind. Der Betrug hat derart überhandgenommen, dass Kunsthändlern geraten wird, private Ausstellungen von Fälschungen zu besuchen, um sich sachkundig zu machen und so beim Ankauf eines Bildes dessen Echtheit besser überprüfen zu können.

So wie die Fälschungen in der Kunstwelt Misstrauen säen, so untergraben Lügen das Vertrauensverhältnis unter den Menschen und verhindern, dass wir uns vorbehaltlos einander zuwenden können. Mit Unehrlichkeit beschädigen wir aber nicht nur unsere zwischenmenschlichen Beziehungen, sondern auch unseren Charakter, unser ganzes Wesen. So schreibt Paulus:

„Belügt einander also nicht länger, sondern sagt die Wahrheit. Wir sind doch als Christen Glieder eines Leibes, der Gemeinde Jesu" (Epheser 4,25).

Es fällt natürlich nicht immer leicht, bei der Wahrheit zu bleiben, so wie es auch viel Mühe kostet, ein eigenes Kunstwerk anzufertigen. Manchmal scheint die Lüge der bequemere Ausweg zu sein, weil man damit peinlichen Situationen aus dem Weg geht. Wir entscheiden uns für die Falschaussage, weil wir unser allzu zerbrechliches Ego schützen wollen. Wenn der andere wüsste, wer wir in Wirklichkeit sind! Aber was nützt uns das scheinbar intakte Ego, wenn unsere Beziehungen die Wahrheit nicht aushalten? Gewöhnen wir es uns jedoch an, stets bei der Wahrheit zu bleiben, so wird unser Verhältnis zu den Mitmenschen tragfähig.

Gebet

Vater, lehre mich so zu reden, dass niemand sich je fragen muss, ob meine Worte eine Verfälschung der Wahrheit sind.

Wunderbares Geheimnis

*Ihr sollt ein gutes Gewissen haben!
Dann nämlich werden alle, die Lügen
über euch verbreitet haben, beschämt sein.*
1. Petrus 3,16

Die *School of Intellectual Studies* am *Fuller Theological Seminary* hat eine Umfrage unter 750 zum Christentum bekehrten Muslimen durchgeführt, bei der herauskam, dass ein Faktor am meisten zur Bekehrung motiviert hat: Beeindruckt hat, wenn Christen taten, was sie vorher gepredigt hatten.

Dieses Ergebnis ist sowohl Ermutigung als auch Herausforderung. Wir erkennen daran, dass unser Lebensstil Eindruck macht. Christliche Rechtschaffenheit bedeutet, Gott würdig zu vertreten, weil wir seine Wahrheit und seine Liebe verkünden. Bemerken wir aber, dass es uns wieder einmal schwerfällt, nach christlichen Grundsätzen zu leben, dann zeigt das nur eins: Wir versuchen es gerade wieder aus eigener Kraft.

Dabei ist doch Christus, „die Hoffnung auf die Herrlichkeit", als Kraftquelle in uns, auf die wir eigentlich zurückgreifen könnten. Paulus spricht von einem Geheimnis, das zu wunderbar ist, als dass wir es wirklich begreifen könnten (siehe Kolosser 1,27).

Mit Rechtschaffenheit wird es uns immer gelingen, die Menschen auf Jesus aufmerksam zu machen. Das heißt natürlich nicht, dass wir ein perfektes Leben führen könnten. Auch der, der bestrebt ist, den rechten Weg zu gehen, wird versagen, und er wird Gott und Mitmenschen um Vergebung bitten müssen. Aber selbst mit unserem Versagen können wir noch eine Vertrauenswürdigkeit ausstrahlen, die andere zum vollkommenen Gott führt.

Wort zum Nachdenken

Wann waren in der letzten Woche Ihre Worte ein Lippenbekenntnis, weil sie nicht dem entsprochen haben, was Sie selber vorleben?

Tratschfreie Zone

*Redet nicht schlecht voneinander. Was ihr sagt,
soll für jeden gut und hilfreich sein,
eine Wohltat für alle.*
Epheser 4,29

Sam Chapman (nur ein Namensvetter von mir) arbeitete in einer Firma, in der Mobbing und üble Nachrede überhandnahmen. Man zog so rücksichtslos übereinander her, dass das Betriebsklima immer schlechter wurde und so manche Karriere darunter litt. Als sich Chapman eines Tages selbstständig machte und seine eigene Firma gründete, verbot er ausdrücklich Klatsch und Tratsch, und es galt die Regel: Wer schlecht über jemand redet, Gerüchte verbreitet oder sich im Ton vergreift, der wird entlassen. Daran mussten sich die Angestellten erst gewöhnen, inzwischen aber schätzen sie die Offenheit in einer tratschfreien Zone.

Unehrlichkeit, Tricksereien und das Verbreiten von Gerüchten beschädigen zwischenmenschliche Beziehungen. Vielleicht verbreiten wir sogar Wahrheiten *über* eine bestimmte Person, vergessen dabei aber, dass dies ein Mensch mit einer verletzlichen Seele ist. Wer schlecht über andere redet und Gerüchte verbreitet, dem fehlen alle Merkmale einer liebenswürdigen Persönlichkeit. Er ist weder hilfsbereit noch geduldig, nicht vergebungsbereit, nicht freundlich, nicht demütig und nicht großzügig. Und wer dazu neigt, andere zu mobben, der verliert nach und nach die Fähigkeit, zwischenmenschliche Probleme auch auf friedliche und freundliche Weise zu lösen. Wenn aber unsere Worte nicht auferbauen, sondern nur herabwürdigen, dann sollten sie lieber unausgesprochen bleiben.

In den Sprüchen lesen wir: „Worte haben Macht: sie können über Leben und Tod entscheiden" (18,21). Je näher wir Gott kommen, desto schneller fällt uns auf, wenn wir allzu lieblos anderen die Wahrheit ins Gesicht sagen. Durch Gottes Nähe werden wir lernen, unsere Worte so zu wählen, dass sich Menschen geliebt und angenommen fühlen.

Gebet

Bevor ich über einen anderen rede, Herr, erinnere mich, dass ich kurz nachdenke: Ist das, was ich sagen will, nicht nur wahr, sondern auch lieb gemeint?

Mit Gott unter vier Augen

Gehorcht in allem euren Herren! Tut dies nicht nur, wenn sie euch dabei beobachten und ihr von ihnen anerkannt werden wollt. Verrichtet eure Arbeit aufrichtig und in Ehrfurcht vor Gott.
Kolosser 3,22

Den Finanzbehörden fiel 1980 auf, dass ungewöhnlich viele Steuerzahler Belastungen für abhängige Angehörige geltend machten. Bei Stichproben stellte sich der angegebene Hasso als Vierbeiner heraus oder geschiedene Eltern nahmen beide die Unterhaltsaufwendungen der Kinder für sich in Anspruch. 1986 beschloss dann der Kongress ein Gesetz, nach dem Abhängige nur dann in der Steuererklärung berücksichtigt werden, wenn auch deren Sozialversicherungsnummer angegeben wird. Im darauffolgenden Frühjahr hatten sich 7 Millionen Abhängige in Luft aufgelöst. Und so wurden bereits im ersten Jahr 3 Milliarden Dollar ins Staatssäckel gespült, weil man die Steuerzahler gezwungen hatte, ihre Angaben korrekt zu machen.

Man sagt, ein Gentleman sei nur der, der auch dann ein Buttermesser benutzt, wenn er allein am Tisch sitzt. Wie verhalten Sie sich, wenn Sie sich unbeobachtet fühlen? So manch einer würde wohl seinen Freund nicht belügen, aber es macht ihm gar nichts aus, den Chef oder eine Behörde zu täuschen. Doch Ehrlichkeit ist eine Grundeinstellung zum Leben und auf Dauer wird man deshalb nicht trennen können. Wer einmal lügt, dem glaubt man nicht.

Solange man glaubt, nicht erwischt zu werden, ist die Versuchung zu jeder Unaufrichtigkeit groß. Aber die Lüge beschädigt nicht nur das Miteinander hier auf dieser Erde, sondern auch unsere Beziehung zu Gott. Er ist ein liebevoller Vater, der sich eine vertraute Beziehung zu seinen Kindern wünscht, und Vertrautheit entsteht nur, wenn wir bei der Wahrheit bleiben.

Gebet

Vergib mir meine Unaufrichtigkeit, die ich vor anderen verberge, Herr. Und hilf mir, auch dann ein guter Mensch zu sein, wenn niemand es bemerkt.

Die Ziegenfelle ablegen

*Dein Bruder hat dich betrogen und
um den Segen gebracht.*
1. Mose 27,35

Jakob, das bedeutet *Betrüger*. Und dieser Jakob machte seinem Namen alle Ehre. Er führte seinen Bruder Esau wie auch seinen Vater Isaak hinters Licht, nur um das Erstgeburtsrecht und den Segen zu ergaunern, was ihm beides als jüngerem Bruder nicht zustand.

Jakob nutzte Esaus Heißhunger aus, um von ihm das Erstgeburtsrecht zu erpressen. Als Nächstes machte er sich Isaaks Blindheit zunutze und gab vor, Esau zu sein, um den Segen für den ältesten Sohn zu erlangen. Jakob muss schon ziemlich lächerlich ausgesehen haben mit seinen Ziegenfällen, die er sich um Hände und Arme gebunden hatte, um so behaart wie sein Bruder Esau zu wirken. Aber so grotesk er ausgesehen haben mag, der Betrug selber war eine ernste Angelegenheit. Es zerrissen die Bande zu Vater und Bruder, die niemals wieder ganz heil wurden.

Jakob hatte alles getan, was das Verhältnis zu seinem Bruder zerrüttete, und so lebte er über Jahre zunehmend mit dem Gefühl, von Gott nicht gesegnet werden zu können. Jakob ist wegen seines schlechten Gewissens so lange vor Esau davongelaufen, dass er seine Fähigkeit verlor, ganz er selber zu sein.

Laufen auch Sie ständig mit einem schlechten Gewissen herum und wünschten sich, jemand anders zu sein, weil Sie fürchten, Gott könne Sie gar nicht so annehmen, wie Sie sind? Aber Gott sehnt sich danach, dass wir seiner Liebe trauen. Wenn wir nämlich wissen, wie sehr er uns trotz aller Schwächen wertschätzt, dann können wir auch zu uns selber stehen. Und wir sind frei, andere von Herzen zu lieben.

Wort zum Nachdenken

Wann haben Sie zum letzten Mal jemand etwas vorgespielt?

Positiv ehrlich

Eine aufrichtige Antwort ist ein Zeichen echter Freundschaft, so wie ein Kuss auf die Lippen.
Sprüche 24,26

Besonders heikel wird es für mich mit der Ehrlichkeit, wenn Leute mir Buchmanuskripte schicken, damit ich sie beurteile. Vor Jahren nahm ich jedes Manuskript an und dann lag es monatelang auf meinem Schreibtisch. Wenn ich es endlich zur Hand nahm und es einigermaßen lesbar war, schrieb ich einen aufmunternden Kommentar dazu. Da ich aber kein ausgebildeter Lektor bin, konnte ich die Qualität nicht fachgerecht beurteilen. Der Verfasser oder die Verfasserin versuchte darauf meist erfolglos, das Manuskript über einen Verlag zu veröffentlichen. Im Laufe der Zeit wurde mir klar, dass ich dazu beitrug, die Leute zu frustrieren.

Wenn ich jetzt wieder einmal gebeten werde, ein Manuskript zu beurteilen, antworte ich: „Ich bin nicht dafür ausgebildet, Texte auf ihre Verwertbarkeit zu prüfen, und mir fehlt auch leider die Zeit dafür. Vielleicht ist der Englischlehrer Ihrer Tochter bereit, ein Auge darauf zu werfen, um Rechtschreibung und Satzbau zu beurteilen und Verbesserungsvorschläge zu machen. Sie können es aber auch einem Literaturagenten übergeben oder direkt dem Verlag schicken. Die können dann sagen, ob man den Text veröffentlichen sollte." Damit gebe ich wertvollen Rat und gestehe gleichzeitig meine eingeschränkten Kapazitäten ein: Ich bin kein Lektor und ich habe wenig Zeit.

Wir werden nicht mehr ständig anderen etwas vorspielen wollen, wenn wir eins wissen: Gott nimmt uns an, so wie wir sind! Und nun können wir offen unsere Schwächen eingestehen. Das aber ist so entlastend für die Seele, dass wir Kapazitäten frei bekommen, um Gott zu dienen.

Gebet

Vater, ich bitte um die Weisheit, sowohl meine Begrenzungen zu erkennen als auch meine Stärken.

Freies Schreiben

*Aber die Worte, die ein Mensch von sich gibt,
kommen aus seinem Herzen.*
Matthäus 15,18

Eine Methode des kreativen Schreibens ist das sogenannte *freewriting*. Bei dieser Übung schreibt man ohne Pause einfach auf, was einem gerade so in den Sinn kommt, ohne über Rechtschreibung, Zeichensetzung oder Bedeutung nachzudenken. Eine solche Übung hilft, zu Einsichten über das eigene Ich zu gelangen, weil der Gedankenfluss frei ist und nicht vom Verstand kontrolliert wird.

Es ist ein Gewinn, wenn wir solche Freiheit auch in einer Beziehung erleben, in der Gefühle, Ängste und Hoffnungen ausgesprochen werden können, ohne dass vorher jeder Satz vom Verstand überprüft werden muss. Die Romanautorin Dinah Craig schrieb einmal: „Oh wie tröstlich – ja, wie unbeschreiblich das Glück, sich bei einem Menschen sicher und geborgen zu fühlen, wenn man weder Worte wägen noch Gedanken prüfen muss, sondern sie hergeben kann, wie sie gerade kommen – Weizen und Spreu zugleich –, wenn man sicher ist, dass eine getreue Hand sie sieben wird, was wert ist, behalten, und mit einem freundlichen Hauch den Rest fortblasen wird."

Eine solche Freundschaft verdienen sich zwei Menschen über die Zeit, wenn sie sich gegenseitig vertrauen. Ehrlich können wir in allen unseren Beziehungen sein, aber ungeschützt offen in nur wenigen ausgesuchten Freundschaften. Wenn wir Vertrauen durch Verlässlichkeit aufbauen, bei der Wahrheit bleiben und Heikles im Geist der Liebe besprechen, wird der Lohn eine Freundschaft sein, die Ausdruck jener Freiheit ist, die wir in Christus haben.

Gebet

Vater, ich danke dir, dass ich all meine Gedanken und Gefühle vor dir ausbreiten darf. Und bitte schenke mir immer Freunde, bei denen ich mich fallen lassen kann.

Jesu Stimme

Die Schafe folgen ihm, weil sie seine Stimme kennen.
Johannes 10,4

Die Dichterin Luci Shaw wanderte in den kanadischen Rockies und war auf der Suche nach einem geeigneten Rastplatz, als sie auf ein Reh traf, das an einem Flussufer äste. „Das Tier hob den Kopf und spitzte die Ohren", schreibt sie. „Es *sah* mich mit diesen Ohren. Und wenn ich an Menschen denke, die nach Gottes Stimme lauschen und sie schließlich hören, dann sehe ich manchmal dieses Reh vor mir, das, um nichts zu verpassen, in die Stille lauschte."

Wenn wir uns sehnlich wünschen, dass die Wahrheit unser Leben prägt, dann werden auch wir genau hinhören müssen, um Gottes Stimme unter den anderen auszumachen. Als Jesus vor Pilatus stand, sagte er: „Ich bin ein König. Und dazu bin ich Mensch geworden und in diese Welt gekommen, um ihr die Wahrheit zu bezeugen. Wer bereit ist, auf die Wahrheit zu hören, der hört auf mich" (Johannes 18,37).

Je eifriger wir uns auf die Suche nach der Wahrheit begeben, desto wachsamer werden wir lauschen, um

Jesu Stimme ja nicht zu verpassen. Und mit jedem Mal mehr, da wir uns dafür entscheiden, bei der Wahrheit zu bleiben, hören wir seine Stimme klarer und deutlicher.

Gebet

Herr, ich sehne mich danach, deine liebevolle Stimme zu hören, die mich an deiner Weisheit teilhaben lässt. Und ich will mein Gehör schulen, indem ich bei der Wahrheit bleibe.

Ehrlich vor Gott

Warum hast du es zugelassen, dass der Satan von dir Besitz ergreift? Warum hast du den Heiligen Geist betrogen?
Apostelgeschichte 5,3

Eine Gemeinde hatte ein Herz für die Armen, und man rief auf, Spendenbeträge zu nennen, die man später einsammeln wolle. Die Anwesenden waren in Geberlaune und versprachen große Summen.

Ein Paar tat sich besonders hervor mit einem außergewöhnlichen Betrag, doch als die Zeit kam, die Schecks einzureichen, erschien die Summe plötzlich doch zu exorbitant. Und so verabredeten die beiden, einen kleineren Betrag zu spenden.

Am folgenden Sonntag bemerkte der Pastor nach der Sammlung den Unterschied.

„Ist das der Betrag, den ihr versprochen habt?", fragte er das Paar.

„Aber ja", versicherten sie, worauf sie beide tot umfielen.

Diese Geschichte mag unglaubwürdig klingen, aber Ähnliches hat sich zur Zeit der Apostel zugetragen.

Damals kürzten Ananias und Saphira den Betrag, den sie der Gemeinde in Jerusalem versprochen hatten. Es ging nicht darum, dass Gott auf die Drachmen der beiden angewiesen wäre. Das Entscheidende war die Unaufrichtigkeit vor Gott, und so sagte Petrus zu Ananias: „Du hast nicht Menschen betrogen, sondern Gott selbst" (Apostelgeschichte 5,4).

Lügen beschädigen Beziehungen. Wenn Sie schon einmal versucht waren, Gott zu belügen, dann fragen Sie sich, warum Sie sich eigentlich genötigt fühlen, die Wahrheit zu verschleiern. Wer vor Gott – und damit auch vor sich selber – offen und ehrlich ist, der stärkt nicht nur die Beziehung zu seinem Schöpfer, sondern bereitet auch den Boden für vertrauensvolle zwischenmenschliche Bindungen.

Gebet

Herr, ich kann vor dir nichts geheim halten –
aber ich will es vor allem auch nicht. Ich möchte,
dass du meine Sünde kennst, meine Gefühle,
meine Zweifel und das, was mich freut.

Innere Wahrheit

Gottes Geist will euch durch und durch erneuern.
Epheser 4,23

Brook wäre niemals auf den Gedanken gekommen, dass Lesegewohnheiten ihr schaden könnten. Die Romane, die sie abends verschlang, waren die reinste Entspannung für sie.

Aber im Laufe der Zeit vertiefte sie sich immer mehr in die Fantasiewelten ihrer Geschichten. Sie begann, die Männer, mit denen sie sich ab und zu zum Kennenlernen verabredete, mit den Romanhelden zu vergleichen, und denen konnte natürlich kein einziger das Wasser reichen. Und außerdem begann sie, harmlose Szenen gedanklich so auszuschmücken, dass sie auf schlüpfrigen Boden geriet. Sie tat nichts dagegen, dass ihre Moralvorstellungen ins Wanken gerieten, um ihren Fantasien freieren Lauf zu lassen.

Eines Tages saß sie im Gottesdienst und hörte den Pastor predigen: „Wer die Wahrheit in Liebe sprechen will, der muss bei sich selber anfangen und vor sich selber ehrlich sein." Da fiel ihr plötzlich der Stapel Romane auf ihrem Nachttisch ein. Sie hatte sich selber etwas vorgemacht über den Einfluss, den diese Geschichten auf ihr Seelenleben hatten. Sinnliche Begierden und zu hohe Erwartungen machten ihr Verhältnis zu Männern unnötig kompliziert. Und um dem zu entkommen, gab es nur einen Weg: Sie musste sich eingestehen, wie schädlich ihre abendliche Lektüre war.

Wenn wir ehrlich zu uns selber sind, dann tun wir uns einen Gefallen. Wir rücken gleichzeitig näher zu Gott und befähigen darüber hinaus unsere Seele, andere zu lieben.

Wort zum Nachdenken

*Gibt es Bereiche in Ihrem Leben,
wo Sie sich selber belügen?*

Immer nur lieb sein?

*Nehmt euch in Acht vor denen, die in Gottes Namen
auftreten und falsche Lehren verbreiten!
Sie tarnen sich als sanfte Schafe,
aber in Wirklichkeit sind sie reißende Wölfe.*
Matthäus 7,15

Etwa 300 Jahre nach Christi Geburt breitete sich eine Lehre innerhalb der Kirche aus, nach der Jesus nicht Gott im Fleisch sei, sondern der Höchste in Gottes Schöpfung. Viele Bischöfe waren bereit, sich dieser Lehre des Arius anzuschließen. Aber Athanasius von Alexandria hielt unbeirrt an der Wahrheit fest: Jesus ist Gott. Dies machte ihn zum Unruhestifter in der Kirche und er wurde fünfmal aus Alexandria verbannt. Schließlich setzte sich aber doch die Lehrmeinung von der Göttlichkeit Jesu in der Kirche durch und der Arianismus verlor immer mehr an Einfluss.

War Athanasius nun lieblos, weil er in der Kirche einen Streit vom Zaun brach, um sich durchzusetzen? Im Gegenteil! Die Liebe ist keineswegs dazu verbannt, die Hände in den Schoß zu legen und zuzusehen, wie Menschen durch falsche Lehren in die Irre geleitet werden. Die konsequente Liebe eines Athanasius mag einer Welt als lieblos erscheinen, in der Beliebigkeit herrscht. Und so schrieb Dorothy Sayers in ihrem Brief an eine geschrumpfte Kirche: „Ich halte es für einen schweren Fehler, das Christentum so zu präsentieren, als ginge es dabei immer nur ums Wohlfühlen und man dürfe niemals Missfallen erregen."

Der liebende Jesus trat dem Irrtum konsequent mit der Wahrheit entgegen, selbst wenn er damit den einen oder anderen gegen sich aufbrachte. Sein Respekt vor der Wahrhaftigkeit dient Christen als Vorbild, die die Liebe zu ihrem Lebensstil erwählt haben.

Anstoß zum Handeln

Denken Sie einmal darüber nach, was es kosten kann, für die Wahrheit einzustehen, wenn Mitmenschen die Unwahrheit und das Verwirrspiel bevorzugen. Nehmen Sie sich fest vor, stets die Wahrheit in Liebe zu sprechen, selbst wenn Sie damit allein dastehen.

9. Liebe im Alltag

Mit der Stärke Christi

*Alles kann ich durch Christus,
der mir Kraft und Stärke gibt.*
Philipper 4,13

In den Buchläden ist die Auswahl an Ratgebertiteln riesengroß, die ihre Leser von schlechten Angewohnheiten befreien wollen:

*Acht Schritte – und Sie sind frei.
Tragen Sie ein Motivationsband am Handgelenk.
Gehen Sie zum Hypnotiseur.
Nehmen Sie sich einen persönlichen Trainer.*

Bestimmte Techniken mögen helfen, die eine oder andere schlechte Gewohnheit loszuwerden. Es kann nicht schaden, bis zehn zu zählen, wenn Sie sich über etwas aufregen. Das rettet über den Augenblick hinweg. Aber nur mit Gottes Kraft und Hilfe werden Sie einen echten Sinneswandel bewirken.

Als Voraussetzung dafür müssen Sie sich allerdings eingestehen, dass Sie trotz aller Bemühungen immer wieder zur Lieblosigkeit neigen. Seien Sie so konkret wie möglich, wenn Sie um Hilfe bitten. Macht Sie die Angewohnheit des Partners, mit schmutzigen Schuhen über den Teppich zu laufen, so wütend wie kaum etwas anderes? Macht Ihnen die rüde Art Ihrer Kollegin so sehr zu schaffen, dass es Ihnen kaum noch gelingt, ein freundliches Wort mit ihr zu wechseln? Tragen Sie Gott vor, was Sie ohne seine Hilfe am häufigsten verleitet, sich lieblos zu verhalten.

Das Wort von Paulus, dass man alles durch die Kraft Christi vermag, lässt uns hoffen, wenn uns wieder und wieder Lieblosigkeiten unterlaufen. Sie können den Kampf nicht mit Willensstärke gewinnen. Es ist vielmehr Christus in Ihnen, der die Kraft schenkt, die Sie brauchen, um andere zu lieben, die möglicherweise nicht liebenswert erscheinen.

Gebet

*Vater, ich möchte zu gern alle Lieblosigkeit
aus meinem Leben verbannen.
Ganz konkret will ich _____.*

Amazing Grace

*An eurer Liebe zueinander wird jeder erkennen,
dass ihr meine Jünger seid.*
Johannes 13,35

In seinem Buch *What's So Amazing About Grace?* erzählt Philip Yancey die Geschichte einer Prostituierten, die ihre zwei Jahre alte Tochter gegen Geld an Männer vermietete, um ihre Drogen bezahlen zu können. Als man sie fragte, ob sie je daran gedacht hätte, in einer Kirche um Hilfe zu bitten, „stand ihr das pure Entsetzen ins Gesicht geschrieben. ‚Kirche!‘, rief sie. ‚Warum sollte ich ausgerechnet zur Kirche? Ich habe mich doch schon so mies genug gefühlt. Die hätten es mir doch noch viel schwerer gemacht.'"

Diese Frau sprach aus, was viele Menschen glauben: Das Christentum sei die Religion des erhobenen Zeigefingers und nicht der Liebe. Dabei sind die Christen doch aufgerufen, zuallererst den Weg der Liebe zu gehen. Wenn wir als Christen egoistisch, ungeduldig, nachtragend, unfreundlich, stolz, geizig und unaufrichtig sind, dann verspielen wir nicht nur die Chance, jene Freude zu erleben, die sich immer einstellt, wenn wir Menschen lieben. Wir bringen uns auch jedes Mal um die Gelegenheit, Gottes Liebe unter die Menschen zu tragen. Wir werden zum Hindernis zwischen diesen Menschen und Gott.

So mancher, dem Christen übel mitgespielt haben, hat hinterher bekundet: „Wenn sich diese Leute so verhalten, dann will ich keiner von ihnen werden." Aber es gibt glücklicherweise auch andere Erfahrungen: „Dieser Mensch hat mich liebevoll angenommen, obwohl ich es gar nicht verdient hatte. Und ich möchte erfahren, warum."

Wir haben öfter, als wir denken, die Gelegenheit, andere mit einem Geist der Freundlichkeit zu überraschen. Nur wenn wir andere mit der Liebe Gottes lieben, tragen wir Hoffnung in eine sonst so orientierungslose Welt.

Gebet

*Herr, ich danke dir für jede Gelegenheit,
anderen meine Liebe zu schenken. Hilf mir dabei,
ein Kanal für deine Liebe zu sein,
damit Menschen dich kennenlernen wollen.*

„Am allermeisten"

*Ich habe ihnen gezeigt, wer du bist. Das werde ich auch
weiter tun, damit deine Liebe zu mir auch sie erfüllt,
ja, damit ich selbst in ihnen lebe.
(Jesus meint alle Gläubigen.)*
Johannes 17,26

Mary Beth wusste zwar als Kind, dass ihre Eltern sie liebten, aber denen fiel es schwer, diese Liebe auch zu zeigen. Umso wichtiger war ihr, wie sie sich erinnert, das allabendliche Ritual vor dem Einschlafen. Dann saß ihre Mutter auf der Bettkante, zupfte noch einmal die Kissen zurecht und sagte: „Denk immer daran: Mama liebt dich, Daddy liebt dich und Jesus liebt dich am allermeisten."

Inzwischen ist Mary Beth erwachsen und das Wesen ihrer Mutter wird nach und nach von Alzheimer zerstört. Oft hält Mary Beth nun ihre Hand, und dann spricht sie jene Worte nach, die sie als kleines Kind so oft gehört hat: „Denk immer daran: Ich liebe dich, Dad liebt dich und Jesus liebt dich am allermeisten."

Mary Beth weiß nicht, wie viel ihre Mutter davon noch versteht, aber sie spürt, wie diese schlichten Worte zu ihrem eigenen Herzen sprechen, denn sie erinnern sie daran, dass Gottes Liebe in uns stark ist, ganz gleich, wie wir uns fühlen. Unsere eigene Liebe ist unvollkommen, aber dennoch halten wir daran fest, andere damit zu beschenken, wissen wir doch, dass Jesus durch uns am Werk ist, den Menschen die Liebe des himmlischen Vaters erfahrbar zu machen.

Gott liebt uns mehr, als wir es uns vorstellen können, und von ihm kommt unsere Sehnsucht, andere Menschen so zu lieben, wie es die Welt nicht kennt.

Gebet

Vater, hilf mir, das Maß deiner Liebe zu begreifen, damit ich noch großzügiger davon austeilen kann!

Schlussbemerkungen

Wer sich auf den Weg zu Gott macht, liebt die Menschen, ohne sich überwinden zu müssen. Mein Wunsch ist es, dass Sie mit der Lektüre unseres Büchleins diesem Ziel ein Stückchen näher gerückt sind. Nun aber stellt sich Ihnen die Frage: „Was soll ich mit diesen Anregungen und mit den neuen Erkenntnissen praktisch und konkret anfangen? Wie bleibe ich auf dem Weg der Liebe?" Mein Vorschlag wäre, dass Sie so weitermachen, wie Sie angefangen haben: Trinken Sie aus der Quelle der Liebe Gottes! Darüber hinaus habe ich noch drei einfache Tipps, mit denen viele Christen gut durchs Jahr kommen.

Erstens: Nehmen Sie sich jeden Tag Zeit, um auf Gottes Stimme zu hören. Für mich ist dazu hilfreich, ein Kapitel in der Bibel zu lesen, nachdem ich folgendes Gebet gesprochen habe: „Vater, ich möchte dir zuhören, weil ich wissen will, was du mir zu sagen hast." Und während Sie das Kapitel lesen, sollten Sie Sätze unterstreichen, die Sie besonders ansprechen. Dann reden Sie mit Gott über den gelesenen Text. Das ist ein praktikabler Weg, um jeden Tag mit Gott im Gespräch zu bleiben. Immerhin stehen Sie zu Gott in einem Liebesverhältnis, dessen Initiator er ist und auf das Sie nun mit Freude reagieren. Das bedarf der Kommunikation.

Zweitens: Bitten Sie Gott Tag für Tag, seine Liebe in Ihr Herz auszugießen, und lassen Sie es zu, dass Sie zum Kanal für diese Liebe werden, damit andere Menschen etwas davon abbekommen. Bitten Sie darum, Ihnen immer wieder Gelegenheiten zu zeigen, wie Sie anderen Menschen gegenüber helfend, geduldig, vergebungsbereit, freundlich, demütig, großzügig und aufrichtig sein können.

Drittens: Nehmen Sie sich fest vor, dass Ihr Fehlverhalten niemals zu dauerhaften Barrieren zwischen den Mitmenschen und Ihnen wird. Bitten Sie Gott, Sie immer wieder zu ermutigen, sich zu entschuldigen. Sie müssen keineswegs fehlerlos sein, um Gottes Liebe widerzuspiegeln, aber um Ihre Schwächen kümmern müssen Sie sich schon.

Darüber hinaus sollten Sie jede Möglichkeit nutzen, Kontakt zu anderen Christen zu pflegen, indem Sie gemeinsam anbeten, einander Mut machen und erkunden, wie durch gemeinsame Anstrengungen anderen Menschen geholfen werden kann. Wer anderen dient, dient Gott. Wir sind außerdem so geschaffen worden, dass wir Gemeinschaft mit anderen Gliedern des Leibes Christi brauchen. Wir haben nämlich unter uns Christen so viel zu verschenken und so viel zu empfangen.

Wenn Christus wiederkommt, wird er nicht wissen wollen, wie viele Bibelkurse Sie absolviert haben und wie viele Bibelverse Sie auswendig können. Er wird vielmehr fragen: „Wie gut hast du mich auf dieser Erde vertreten?" Viele große Leistungen der Menschheit, die wir heute so bewundern, werden morgen schon vergessen sein, aber die Liebe wird uns in die Ewigkeit begleiten.

Wie wunderbar ist es, in einer Welt, in der Gier und Hass regieren, eine Liebe zu kennen, die niemals ein Ende hat. Und was für eine Ehre ist es, diese Liebe Tag für Tag anderen Menschen vorleben zu dürfen.

Weitere Bücher von Gary Chapman

Die fünf Sprachen der Liebe
ISBN 978-3-86122-126-5
160 Seiten, Paperback

Jeder Mensch hat eine bestimmte Art, Liebe zu empfangen und weiterzugeben: seine Liebessprache. Um die Liebe lebendig zu halten, ist es notwendig, die Sprache des anderen zu lernen. Entdecken Sie Ihre eigene Liebessprache und die Ihres Partners!

Streithähne & Turteltauben
ISBN 978-3-86827-041-9
96 Seiten, gebunden

In jeder Paarbeziehung gibt es Meinungsverschiedenheiten. Doch sie müssen nicht zwangsläufig zu gegenseitigen Verletzungen führen. Allzu oft ist es nicht das Ziel des Streitens, den Konflikt zu lösen, sondern den Streit zu gewinnen. Unglücklicherweise gibt es aber bei jedem Wettkampf auch einen Verlierer. Eine Partnerschaft funktioniert jedoch auf Dauer nur, wenn beide sich als Gewinner fühlen. Doch wie kommt man zu solchen „win-win-Situationen"? Gary Chapman verrät Ihnen, wie Sie Konflikte so lösen können, dass Ihre Beziehung dadurch gestärkt wird. Mit seiner Hilfe werden selbst aus den erbittertsten Streithähnen bald wieder Turteltauben.